陶西平教育漫笔选集③

# 涌动的潮流

TAO XIPING JIAOYU MANBI XUANJI ③
YONGDONG DE CHAOLIU

陶西平／著

教育科学出版社
·北 京·

出版人　李　东
责任编辑　欧阳国焰
版式设计　孙欢欢
责任校对　贾静芳
责任印制　叶小峰

**图书在版编目（CIP）数据**

涌动的潮流 / 陶西平著 .—北京：教育科学出版社，2019.5
（陶西平教育漫笔选集；3）
ISBN 978-7-5191-1897-6

Ⅰ . ①涌⋯ Ⅱ . ①陶⋯ Ⅲ . ①教育—文集 Ⅳ .
① G4-53

中国版本图书馆 CIP 数据核字（2019）第 086076 号

陶西平教育漫笔选集③
**涌动的潮流**
YONGDONG DE CHAOLIU

| | | | | | |
|---|---|---|---|---|---|
| 出版发行 | 教育科学出版社 | | | | |
| 社　　址 | 北京·朝阳区安慧北里安园甲 9 号 | | 市场部电话 | 010-64989009 | |
| 邮　　编 | 100101 | | 编辑部电话 | 010-64989527 | |
| 传　　真 | 010-64891796 | | 网　　址 | http://www.esph.com.cn | |
| 经　　销 | 各地新华书店 | | | | |
| 制　　作 | 北京金奥都图文制作中心 | | | | |
| 印　　刷 | 保定市中画美凯印刷有限公司 | | 版　　次 | 2019 年 5 月第 1 版 | |
| 开　　本 | 720 毫米 ×1020 毫米 1/16 | | 印　　次 | 2019 年 5 月第 1 次印刷 | |
| 印　　张 | 10.75 | | 印　　数 | 1-4 300 册 | |
| 字　　数 | 140 千 | | 定　　价 | 35.00 元 | |

如有印装质量问题，请到所购图书销售部门联系调换。

# 自　序

　　近几年我国教育事业取得的快速发展，让我这样一个一辈子从事教育工作的老教育工作者感到无比兴奋和自豪。新的教育理念、新的教育政策、新的教育实践经验，以及一大批成长起来的教育家和优秀教育工作者，都令人耳目一新。中国特色社会主义进入了新时代，中国的教育事业也踏上了新的征程。

　　教育事业发展也和国家整体发展态势同步，人民对更好教育的需求与教育事业发展不平衡和不充分的矛盾已成为基本矛盾。我们在新时代中国特色社会主义思想的指引下，进一步深化教育改革，既要充满信心，又必须清醒地面对诸多矛盾和困惑。以问题引领，扎实地向着实现教育现代化的目标前进。

　　当今的教育事业在教育目的、教育公平、教育质量，以及为了落实教育目的、促进教育公平、提高教育质量必须解决的关键问题即教师队伍的建设等方面，都出现了许多困难与矛盾。这些困难与矛盾给教育事业的改革与发展带来了新的挑战。

　　在教育目的上，如何实现多重需求的统一。一是规划化与多样化的统一。教育一方面要为国家人力资源的开发服务，另一方面又要为个体的发展服务，国家人力资源发展目标的实现强调教育的规划化，而个体发展目标的实现则强调教育的多样化。规划化与多样化需要统一。二是个性化与社会化的统一。教育要为个体发展服务，就必须适应个体，应该创造一种适应学习者需要的教育，但是，当学习者步入社会以后，他还必须要适应社会需求。适应个体发展需求和适应社会需求需要统一。

三是选拔性和普惠性的统一。教育既要为国家培养优秀的人才，又要提高国民的整体素质。培养优秀人才与提高国民整体素质，既有一致性，又存在差异。选拔性和普惠性需要统一。四是现实性与长远性的统一。现在，许多国家（包括我国）都出现了毕业生就业困难的现象，因此教育既要解决现实的就业问题，同时又要为人的长远发展奠定基础，现实性与长远性也需要统一。诸如此类的一系列问题都向我们提出了挑战。

在教育公平上，如何处理多种关系的协调。推进教育公平是教育发展的重要原则，也是我国教育事业发展的重要目标。但是在推进教育公平的过程中，也出现了一系列困惑与矛盾。一是公平与发展的关系。有一些地区，虽然教育相对比较公平，但是其发展水平并不高，相反，另一些地区的教育可能很发达，但是发展不均衡现象很突出，所以出现了教育机会均等与教育水平提升如何协调的问题。二是公平与差异的关系。推进教育公平就要强调政府的基本公共服务均等化，而过分强调均等和无差别化，就容易造成缺少差异的现象，没有差异就缺乏活力，难以更快地发展，所以出现了办学条件的无差别化与学校的特色发展如何协调的问题。三是公平与选择的关系。公平是一项基本的人权，而选择也是一项基本的人权，不可选择的公平实际上并不是真正的公平。为了实现公平，学校应该尽量保证学生就近入学，另外又应该创造条件满足个体选择的需要。在中国的大城市里，这个矛盾越来越尖锐，所以出现了推进公平与提供选择如何协调的问题。四是公平与选拔的关系。我们既要坚持教育公平，又要选拔优秀的人才，这就牵扯到公平的选拔标准该如何确定的问题。一种主张认为应该有比较刚性的标准，这样才能体现公平，以至于以考试的分数作为唯一的衡量标准；另外一种主张认为，选拔应该针对不同学生的优势潜能，应该强调柔性。所以出现了选拔标准的刚性和柔性如何协调的问题。诸如此类的一系列问题也向我们提出了挑战。

在提高教育质量上，如何实现多样目标的协调。联合国教科文组织制定了《全球普通教育质量诊断/分析和监测框架》，这个框架试图为各国制定教育政策，特别是为制定旨在提高教育质量的政策提供依据。这个质量监测框架的概念性文件指出："增加入学机会所取得的巨大成功，并没有带来教育质量与教育针对性的提高。尤其是发展中国家，大多数的发展中国家正面临着一个教育质量危机，而且没办法承担这个危机带来的后果。同样，大部分发达国家也没有为所有的学习者提供有质量的教育。"目前，在提高教育质量的问题上，同样出现了许多困惑和矛盾。一是知识本位与能力本位的问题。传统教育强调知识本位，现代教育强调能力导向，过分强调知识本位就会忽视能力的培养，而过分强调能力的培养又容易打不好必要的知识基础，由此出现了两者之间如何统一的问题。二是能力导向与价值导向的问题。从20世纪后半期到现在，各国教育一直在积极倡导能力导向，但是在我国立德树人是教育的根本任务，价值观教育必须放在首要地位，由此出现了两者如何统一的问题。三是广博宽厚与集中坚实的问题。面对一个知识爆炸、信息爆炸的世界，学生需要有更加广博的知识，但注重广博也可能会带来另外一个问题，即在基础教育阶段，学生应该打好的基础没有打好，从而出现了广博宽厚与集中坚实如何统一的问题。诸如此类的一系列问题也向我们提出了挑战。

在教育方式上，如何寻找科学的教育策略。严格教育和宽松教育都有成功的案例，因此，出现了是以宽松教育更好地提供个性发展的空间，还是用严格的教育更好地促进目标的达成之间的矛盾。在教育策略上如何处理好严格与宽松之间的协调问题也是我们面对的挑战。

在对学生的评价上，如何实现过程和结果的统一。这一点集中表现为终结性评价与发展性评价的矛盾。过去，对学生的评价更多地强调终结性评价，实际是强调学生的考试成绩，而现代教育更多地强调发展性评价，即更注重教育的过程，关注学生在学习过程中的发展。在中国，过去过分注重终结性评价，现在极力倡导推进发展性评价。而在美国，近年曾经强调通过统考来评价学生的学业成绩水平，并且与教师的绩效工资挂钩。由此可见，重视结果和重视过程两者之间如何统一，也是我们面对的一个挑战。

在学校形态上，出现了现行的社会化组织形态和自组织自学习形态的关系如何处理的问题。科技发展促使学校形态面临改变。比尔·盖茨曾说，21世纪学校的形态可能发生根本的改变。其中很重要的原因是科技的发展，特别是生物技术、纳米技术、信息技术和认知科学相融合的聚合科技的发展对学校形态改变的影响，使得学校的形态更突出自组织、自学习的特征，建立在云计算基础之上的云教育正在酝酿，现有学校模式将面临技术变革带来的挑战。

在教师队伍建设上，如何适应 21 世纪教育的需要。2010 年 10 月 5 日，国际教师节的主题是"复兴始于教师"。联合国教科文组织等机构号召应该为教师提供体面的工作条件，以保障他们有条件将年青一代培养成为负责任的公民，使他们具备塑造可持续发展未来所需的知识和技能。但现在，教师队伍面临的突出矛盾就是不适应 21 世纪教育改革和发展的基本需要。在过去，教师期望他们所教的内容能够对学生的一生有用，而今天学生能够在网络上获得知识，大量常规的认知技能正被数字化，因此，教师必须致力于帮助学生成为终身学习者，使他们能够进行复杂的思考，并且能够完成计算机不能够代替的复杂工作；过去教师是传递现有的知识，现在教师面临的挑战是要不断应对学生拥有的知识；过去教师只需要停留在课堂，他们非常明确要教什么，现在最先进的教育体系让学生自行设定目标，需要培养教师构建新的教学内容和教学方式；过去不同的学生用相同的方式教，而现在教师需要用差异化的教学实践来包容学生的多样化；过去的目标是实现标准化与一致性，现在强调独创性与个性化教育的体验；过去是以课程为中心，现在是以学习者为中心。因此，21 世纪对教师提出了许多新的要求，他们应该成为高水平的知识工作者，不断丰富自身的专业知识，提高自身的专业技能。

所以，不管是明确教育目的，还是促进教育公平，不管是提高教育质量，还是加强教师队伍建设，这些都是我国，也是当代世界各国教育共同面临的问题与挑战。

习近平同志指出：我们必须把创新作为引领发展的第一动力。爱迪生说过，必要性是创新之母。正是这种动力的引领和必要性的驱使，激励了我国教育界创新精神的弘扬。近年来，针对解决这些矛盾和困惑的创新成果不断涌现，在教育理论、教育政策、教育实践方面都有许多新的突破。我在深深感动之余，也谈了一些看法，写了一些短文，试图交流一下学习的心得，记录一下探索的脚步，当然只是一些漫笔，不成体系，现在集成一册，希望就教于同仁。

2018 年 2 月 9 日于海南三亚

# 目 录 Contents

## 第一辑　涌动的潮流

## 第五辑　办好每一所学校

# 第一辑

# 涌动的潮流

　　抓住机遇，应对挑战，教育是重要的武器。联合国教科文组织认为，人类的可持续发展最终要依靠教育，要教育出新一代的人，他们具有可持续发展的理念和可持续发展的能力。顺应时代的发展，当代世界的教育改革相对聚焦于公平和质量，形成了一股涌动的潮流。

学生思维能力的发展就像婴儿学走路一样，要经过一个想错、再想、再错、再想的过程。学生的每一个错误可能都意味着成长，教师要有「祝贺失败」的修养。

## 涌动的潮流
——关注当代世界教育教学改革新动向

习近平同志在中关村科技园区调研时指出："即将出现的新一轮科技革命和产业变革与我国加快转变经济发展方式形成历史性交汇，为我们实施创新驱动发展战略提供了难得的重大机遇……机会稍纵即逝，抓住了就是机遇，抓不住就是挑战。"新一轮科技革命和产业变革的到来是我们所处时代的重要特征，也是世界许多国家教育改革的基本动力。

我们现在正生活在危机与机遇并存的时代。一方面，很多危机威胁着人类的持续发展。比如，人与自然之间的生态危机，人与社会之间的人文危机，人与人之间的道德危机，人与自己的心理危机，国家与国家之间的安全危机，文化与文化之间的价值观危机，等等。另一方面，新一轮科技革命和产业变革又给我们提供了很多发展机遇。

2000 年人类刚跨入新世纪的门槛，美国国家科学基金会和美国商务部共同资助了一个研究计划，目的是要弄清楚哪些学科是新世纪的带头学科，70 多位一流科学家研究的结果形成了一份 480 页的研究报告——《聚合四大科技　提高人类能力》。该报告认为，纳米技术、生物技术、信息技术、认知科学四个领域是世界公认的 21 世纪最前沿技术，每个领域都蕴藏着巨大潜力，而其中任何几项技术的融合、汇聚或集成，都将产生难以估量的效能。

美国经济学家杰里米·里夫金（Jeremy Rifkin）的著作《第三次工业革命》的出版，引起人们对以信息控制技术革命为核心的产业变革的高度关注。在新一轮的产业变革里，科学技术将在推动生产力的发展方面起到越来越重要的作用，科学技术转化为直接生产力的速度加快，科研探索领域不断拓展，科学技术各个领域之间相互渗透，科学、技术、生产三者之间的联系大为加强。在这种背景下，知识型员工将成为核心竞争资源。

抓住机遇，应对挑战，教育是重要的武器。联合国教科文组织认为，人类的可持续发展最终要依靠教育，要教育出新一代的人，他们具有可持续发展的理念和可持续发展的能力。顺应时代的发展，当代世界的教育改革相对聚焦于公平和质量，形成了一股涌动的潮流。

## 从全民教育到全民学习

世界银行在《全民学习：投资于人们的知识和技能以促进发展——世界银行 2020 教育战略》中提出，为了应对全球教育面临的挑战，未来教育的目标应从促进全民教育转变为促进全民学习。全民学习目标的提出是在获得入学机会的基础上更强调受教育的结果，有利于在促进教育机会公平的基础上进一步促进教育结果的公平。

20 世纪后半期，世界各国关注全民教育，努力扩大教育规模，增加入学机会，取得了重大进展。从 21 世纪初开始，关注点已从规模扩展向质量提升转变。联合国教科文组织在关于制定质量监测与评估体系的概念性文件中曾指出：增加入学机会方面所取得的巨大成功并未带来教育质量和教育针对性的提高，对于发展中国家尤其如此。大多数发展中国家正面临教育质量危机，大部分发达国家也没有为所有学习者提供有质量的教育。

经济合作与发展组织（Organization for Economic Co-operation and Development，英文缩写为 OECD，后文一般简称 OECD）2013 年举办的一次教育论坛也认为：当前，来自贫困家庭的年轻人在高等教育领域的比例严重偏低，那些不能在义务教育阶段减少社会经济背景对学生成绩影响的国家，也不可能在高等教育阶段解决这一问题。

因此，当代世界各国教育改革的目标几乎都指向提高教育质量。

## 从以课程为中心到以学生为中心

以学生为中心正在成为很多国家提升教育质量的核心导向。以学生为中心，一是全员化发展，即每个学生都是重要的；二是个性化发展，即每个学生都是不同的；与此相适应的是学校的多元化发展。

美国联邦教育部曾邀请学生代表共同讨论教育改革问题。联邦教育部部长邓肯（Arne Duncan）说："如果我们不倾听学生的声音，我们的教育将难以进步。"在座谈中，不少学生提出，学生应该有更多发言权来评价教师，考试应该更符合社会生活的需要，等等。俄罗斯联邦教育与科学部部长安德烈·富尔先科（Андрей Фульченко）宣布，新的《联邦高中教育标准（草案）》规定，学生不仅可根据自己的意愿来选择学习不同的科目，而且还可自行选择学习不同水平的课程。法国2010年秋季进入高一的学生已经在按改革后的"新高中"的学业组织模式接受高中教育。用新的"探索课程"取代"定向课程"，对所有学生进行"个性化陪护"，为学习困难学生开办"学业水平补习班"，学生可以更换"学业道路"，所有学生都可以享受个别辅导，提高了学校的自主性。自2013年6月开始，韩国首尔定期对全市中小学生的快乐指数做调查，并且公布了调查结果。调查内容分四大领域：对学校生活满意度、对家庭生活满意度、对自己满意度及综合满意度。第一次调查的综合满意度是62%左右，首尔官方认为，虽然现在满意度较低，但这将引导教育行政部门和学校更多地考虑学生在学习过程中的感受。

## 从以能力为导向到以价值观为导向

世界各国教育出现的另一个引人瞩目的新动向是，从能力导向向价值观导向转变。价值观导向，归根结底就是教育学生如何对待自己、对待他人以及对待社会、国家和世界。

新加坡的教育导向一直随着时代要求不断更新：从1959年起的"生存导向"，到1979年以后的"效率导向"，再到1997年以后的"能力导向"。2011年9月22日，新加坡教育部部长提出让教育系统变得更加以学生为中心，更加关注全面教育，更加强调价值观和品格发展，并将之概括为"学生中心、价值观导向的教育"。

2013年7月，法国政府公布了《共和国学校重建导向与规划法》，其目的就是建立公正、严格、富有包容精神的学校，使教师在新的德育和公平教育的框架下，在各级各类教育中贯彻共和国的价值观。

新西兰从 2007 年开始实施新课程标准，特别强调价值观教育的重要性，提出必须将基础价值观教育融入学校各门课程的教学当中，并明确指出，新西兰的学校应教育学生具有如下价值观：追求卓越、创新与好奇、多样化、尊重他人等。

尽管各国倡导的价值观的取向不尽相同，但将价值观教育作为教育的首要功能则越来越趋于一致。

## 从知识授受到创新精神培养

学习型组织倡导者彼得·圣吉（Peter Senge）说："婴儿学走路，是在跌倒、爬起、再跌倒、再爬起的过程中学会的。"学生思维能力的发展就像婴儿学走路一样，要经过一个想错、再想、再错、再想的过程。学生的每一个错误可能都意味着成长，教师要有"祝贺失败"的修养。

各国教学模式的改革几乎都旨在通过探究式学习、实践式学习和合作式学习以培养学生的创新精神和创新能力。

2012 年，联合国教科文组织发布的可持续发展教育报告《塑造明天的教育》指出"学习"是指：学习以批判的方式提出问题；学习阐述本人的价值观；学习设想更加光明和可持续的未来；学习有条理地思考问题；学习如何通过实践知识来做出应对；学习如何探索传统和创新之间的辩证关系。

近日，部分美国教育专家列出以下美国未来教育的五种趋势：一是智慧型的教学方法。很多一线教育工作者会根据专家们的研究成果，寻找出学生最佳的学习方式作为实际教学时的方针。比如，教师应以学生努力的程度为奖励目标而非学习成果，要把传授学习策略、帮助学生找出最有效率的学习方式作为主要教学任务，等等。二是以游戏为基础的学习。哈佛、麻省理工和威斯康星大学的一些专家提出，游戏可帮助学生学习并增进学习成效。三是磨炼不屈不挠、努力不懈的精神。一些专家认为失败是成长的最佳机会，学习从失败中得到教训并改进，这项能力会让儿童终身受用。四是家庭作业被质疑。是否真的有必要为了完成这些作业而剥夺儿童游戏玩耍及和家庭欢聚的时间，家庭社交活动和情绪发展与在学校的课堂学习，对儿童来说同等重要。全美已有许多教师及校长支持"没有作业的晚上"（no homework nights），或以某项目标取代家庭作业。五是培养创造能力。应该通过科学、科技、工程、数学学科与人文学科的整合，来激发儿童的好奇心和创造力。很多学校开始尝试以"项目"为基础的学习。

印度提出将"高级思维技能"培养贯穿中学所有学科，它包括理解技能和批判性思维，强调以应用为基础的问题解决，反对机械学习，其目标是使学生能够建构知识体系，并且在真实的情境中运用所学知识。

2013 年 8 月，新加坡教育部分析该国未来所面对的挑战时强调，面对科技和经济形势的改变，下一代不但要拥有良好的知识基础和技能，还要懂得创造新的知识，并以创新的手法寻找问题的解决方案。

## 从信息工具的使用到教学模式的改变

2011 年 9 月，美国联邦教育部部长邓肯再次提出了与著名的"乔布斯之问"大致相同的问题：为什么在教育领域信息技术的投入很大，却没有产生像在生产和流通领域那样的效果呢？邓肯认为，原因在于"教育没有发生结构性的改变"。信息技术在教育领域的应用可分为三个阶段：工具与技术的改变，教学模式的改变，最终可能产生学校形态的改变。

《新媒体联盟地平线报告（2013 基础教育版）》认为，在近期发展阶段，"云计算"和"移动学习"技术将进入基础教育的主流应用。在中期发展阶段，"学习分析"和"开放内容"预期将会在 20% 以上的教育机构得到应用。在远期发展阶段，"3D 打印"和"虚拟和远程实验室"将应用于基础教育。

最近，OECD 公布了一项针对 15 岁学生数字化阅读技能的调查报告，这篇报告测试了 15 岁的学生在互联网上寻找信息、解读信息、理解及评估电脑图表等的能力，16 个 OECD 成员国以及三个非成员经济体的学生参加了测试，结果显示：韩国学生名列第一。由此可见，OECD 国家十分关注学生的信息素养。

法国特别提出，要让教师、学生和家长能够轻松在网络上找到自己需要的教育资源，真正掌握多媒体。2013 年新学期开始，法国的学校为学生提供 11 项必要的数字化服务。

为了让平板电脑走进学校，印度发布了一款 7 英寸的平板电脑，出售给学生的政府补贴价仅为人民币 120 元左右，这让更多人可以应用它。目前，印度的 250 所大学已有 1.5 万名教师接受了将平板电脑应用于教学的培训。

信息技术应用于教育可能催生的教学模式甚至学校形态的改变，将会成为 21 世纪教育的最大变革，这一动向已经为许多国家所关注。

## 从单一测评到综合评价

OECD 发布的报告《为促进更好学习：评价与评估的国际视角》中称，全球教育系统正将对教师和学校绩效的评估作为帮助学生更好学习以及提高成绩的重要推动力。

教育质量评估关注评估标准、评估体系和评估政策的建设。报告指出，OECD 各成员国在学校是否以及如何测试"成绩"两个方面的看法均存在巨大差异。但报告建议，评估要采取全面综合的方法，使其与教育目标保持一致。评估的重点应放在改进课堂实践，确保所有利益相关者尽早参与以及将学生置于核心。

OECD 目前已开发出新的测试工具，被称作"OECD 面向学校的测试"，是基于 PISA[①] 测评开发而不同于 PISA 的面向学校的测试，旨在测评学校 15 岁学生的阅读、数学和科学能力，以帮助学校改进教学工作。

综观世界各国，美国联邦政府已投资 3.5 亿美元支持各州创立更加综合复杂的评估体系，不仅用于发现问题，更用于为教师提供及时准确的信息帮助他们改善教学，提高学生学业成就。英国从 2011 年 3 月 31 日开始，每所中学的 GCSE[②] 考试即学业水平考试结果要向社会公布，让家长了解学校的总体学科表现和学校教学状况，同时也为孩子选择

---

① PISA, Program for International Student Assessment, 国际学生评估项目的英文缩写。

② GCSE, General Certificate of Secondary Education, 普通中等教育证书的英文缩写。

更适合的学校提供参考。

综上所述，提高质量是全球教育共同的话题，关注点也相对聚焦：以全民学习为重点——教育质量，以学生为中心——教育理念，以价值观为导向——教育目标，培养创新精神——教育方法，信息技术的应用——教育模式，教育质量的评估——教育结果。这些都为我们实现《国家中长期教育改革和发展规划纲要（2010—2020年)》"树立以提高质量为核心的教育发展观，注重教育内涵发展，鼓励学校办出特色、办出水平，出名师，育英才"的目标提供了借鉴。

（原载《人民教育》2014 年第 7 期）

# 人文主义的教育价值观
## ——评《反思教育：向"全球共同利益"的理念转变？》

联合国教科文组织成立 70 年来，发表过许多关于教育的研究报告，我认为其中 3 个报告对全世界的教育产生了很大的影响。

第一个报告是 1972 年发布的《学会生存——教育世界的今天和明天》（也称《富尔报告》）。在当时科学技术迅猛发展的背景下，这个报告充满了科学主义和经济主义的精神。该报告认为：教育要服务于科学发展、促进经济发展。科学技术把人们带入了学习化社会。人们只有不断学习才能适应科学技术革命所带来的生产和社会的变革。报告特别强调"学习化社会"和"终身教育"两个观念。这两个观念影响了世界教育的发展。

第二个报告是 1996 年发布的《教育——财富蕴藏其中》，也就是我们熟悉的《德洛尔报告》。在世界经济已经走过七八十年高速发展的黄金时代，逐步走向衰退的时候，人们期望 21 世纪经济能够有更好的发展，社会矛盾能够有所缓解，环境得到有效的改善。所以这个报告充满了乐观主义和理想主义色彩。这个报告提出了教育的四大支柱：学会认知、学会做事、学会共同生活、学会生存。这"四个学会"对中国的教育改革也产生了很大影响。

第三个报告就是新发布的《反思教育：向"全球共同利益"的理念转变？》（简称《反思教育》）。在这个报告的序言里，联合国教科文组织总干事伊琳娜·博科娃（Irina Bokova）提到："面向 21 世纪，我们需要怎样的教育？在当前社会变革背景下，教育的宗旨是什么？学习应该如何来组织？这些问题启发了本书所呈现的思想。""我确信，我们今天需要对教育再次做出高瞻远瞩的思考。"

如果说《富尔报告》是倡导科学主义和经济主义，《德洛尔报告》是倡导乐观主义和理想主义，那么《反思教育》报告的核心是提出了人文主义价值观。

为什么提出人文主义价值观？我认为有两个方面的原因。一方面，我们处在"两个失衡"的时代，"人与自然关系的失衡"和"人与人关系的失衡"。例如，环境恶化、全球变暖、贫富分化加剧、战争恐怖活动频发等，人类持续的生存与发展面临挑战。另一方面，我们也正处在"两个变化"的时代。第一个变化是新一轮的科技革命和产业变革正在兴起；第二个变化是世界格局的变化，经济全球化、政治多极化，以及互联网带来的地球扁平化。所以"两个失衡""两个变化"的交汇，既给我们提出了严峻的挑战，也给我们提供了发展的机遇。面对这样的世界，我们的教育观也需要相应的改变。

什么是人文主义教育观？世界在变化，教育也必须变化。社会无处不在经历着深刻变革，这种形势呼吁新的教育形式培养出的人需要具备当今及今后社会和经济发展所需要的意识和能力。这意味着教育必须超越识字和算术，以学习环境和新的学习方法为重点，来促进社会正义、社会公平和全球团结。因此，人文主义教育观一方面强调能力，一方面强调社会正义，强调全球的持续发展与和谐。教育必须教导人们学会如何在承受压力的地球上生活，教育必须重视文化素养，立足于尊重、尊严和平等，有助于可持续发展的社会、经济和环境结为一体。教育的价值观应该与人类可持续发展的价值观结合在一起。

报告认为，维护和增强个人和其他人在自然面前的尊严、能力和福祉，应该是 21 世纪教育的根本宗旨。每一个人都应该有生存在自然与社会中的权利，这一权利应该获得保障和尊重。我们需要采取整体的教育和学习方法，突破认知、情感和伦理等传统的二元论思维。

报告还认为，消除认知与其他学习之间的矛盾对立，对于教育至关重要。就连侧重于衡量学校教育学习成绩的人也不例外。只关注学习成绩是不行的，人还需要有其他方面的品质。所以要提出一个更加全面的评估框架，超越传统的学习领域，应该包括人的社交和情感学习或文化和艺术等各方面的全面提高。因此，在人文主义教育观的指导下，知识、学习、教育都需要重新定义。

人文主义教育观突出了发展的可持续性。可持续性可以理解为：个人和社会在当地及全球层面采取负责任的行为，争取实现人人共享的更美好的未来，让社会正义和环境管理来指导社会经济发展。这拓展了我们对个性化学习的认识。

我们现在讲个性化学习主要讲个体的发展，而这个报告中提出应该增强个体对于社会甚至对于全球负责任的意识，就是社会责任感。这应该是与个性化同样重要的方面。当今世界相互联系、相互依存，各种变化复杂，紧张不安和矛盾冲突达到了前所未有的程度，并由此产生了不容忽视的新的知识前景。这种变化要求人们努力探索促进人类进步和保障人类福祉的各种途径，包括承认世界观和价值体系的多样性，以及需要支持多样化的世界观和价值体系。

人文主义教育方法应该是一套普遍适用的伦理原则，应以此为基础，采取综合方法落实全面教育的目的和组织。这种方法影响到学习过程的设计，以促进相关知识的习得和服务于全人类的能力培养。人文主义教育方法让教育超越了经济发展中单纯的功利主义作用，着重关注包容性和不会产生排斥及边缘化的教育。人文主义教育方法可以指导人们应对全球学习格局的变化，教师和其他教育工作者依然是学习的核心力量，以实现所有人的可持续发展。

报告认为，如果单纯讲教育是为经济发展服务，那就太狭隘了，这就挑战了现在的主流发展言论。当然，教育的经济功能无疑是重要的，但是我们必须超越单纯的功利主义观点以及众多国际发展讨论体现出的人力资本观念。教育不仅关系到学习技能，还涉及尊重生命和人格尊严的价值观，而这是在多样化世界中实现社会和谐的必要条件。伦理问题对于发展进程至关重要，认识到这一点，就可以反驳当前的主流言论，这样的认识能增强教育在培养能力方面的作用，让人们过上有意义和有尊严的生活。

我们必须记住，课程是把广泛的教育目标与实现目标的过程联系起来的桥梁，所以要让课程框架具有合法性，制定教育目标的对话过程，必须做到普遍参与和包容，要更多地听取各方面的意见来构建课程体系。课程政策与课程内容应该以社会和经济正义、平等和环境责任原则为指导。

我们需要一种更加流畅的一体化学习方法，让正规教育机构与非正规教育机构开展更加密切的互动，而这种互动要从幼儿阶段开始，并延续终身。教师现在应该成为学习的向导，引导学习者（从幼儿时期开始贯穿整个学习轨迹）通过不断扩大知识库来实现发展和进步。我们还应为教师提供更具吸引力、更加激发人的积极性以及更加稳定的生活条件，包括薪资和职业发展空间等。假如我们不想看到因无趣和待遇低下而导致全球最重要的基础教育教师职业受到削弱，就必须这样做。

教育决策需要应对目前的复杂问题。需要认识和应对正规教育与就业之间的差距；需要在跨越边界、职业和学习空间的流动性日益增强的世界里，承认和认证学习；需要在日益全球化的世界中反思公民素质教育；需要联系可能出现的全球治理形势，来认识国家教育决策的复杂性。我们国家正在探求与世界各国之间的学历互认，因为在一个全球化世界里，这是人才流动的必要条件。

学校和教师不会消失。学校教育是制度化学习和在家庭之外实现社会化的第一步，是社会学习（学会做人和学会共存）的重要组成部分。学习不应只是个人的事情，作为一种社会经验，个体需要与他人共同学习，以及通过与同伴、教师进行讨论和辩论的方式进行学习。虽然传统模式的高校面临"移动学习"和"大规模开放式在线课程"（MOOC，Massive Open Online Courses）等的挑战，但它们并不会使实体高校教育消亡。某些人预测，教师这一职业注定会逐步消亡。这些人称，新的数字技术将逐步取代教师，实现更广泛的知识传播，提高可获得性，最重要的是，它在教育机会急速扩张的同时还可以节约资金和资源。但我们必须认识到，这种预测已不再令人信服：所有国家必须仍将有效的教学职业视为本国教育政策的优先事项。教育信息化不可能让实体教育消失。

通过这份报告我们可以看到：教育理念体现社会发展变化的需求，理念的变革是教育创新的基础，所以教育创新不是简单的传统教育方式的改变，而是适应时代发展的教育理念指导下的教育创造。我们的教育创新，既要勇于突破现状，又要善于借鉴国内外的经验和教训，减少、避免失误与失败。要在反思中协调，在协调中前行。

(本文根据在第三届"中国未来教育家成长论坛"上的发言整理而成，
原载 2016 年 8 月 3 日《人民政协报》)

# 最好的未来
## ——一种视角改变着教育

有一首很好听的歌曲叫《最好的未来》，歌里唱道：每种色彩都应该盛开，别让阳光背后只剩下黑白。每一个人都有权利期待……每个梦想都值得灌溉。每个孩子都应该被宠爱，他们是我们的未来。同一天空底下相关怀，这就是最好的未来。

在信息时代到来，社会民主化进程加快的时候，以工业化时代的教育理念为支撑的学校教育，陷入了诸多困惑。

20 世纪初，法国心理学家阿尔弗雷德·比奈（Alfred Binet）为了找到能够区分孩子学习能力的试题，发明了第一个智力测验。几年后，德国心理学家威尔海姆·斯特恩（Willheim Stern）于 1912 年提出了"智商"的概念和测量方法。这种智力理论应用于教育，就产生了一种人才观、学校观、教学观、学生观、评价观，支撑着学校教育制度，并逐步发展完善，形成了以这种智力理论为基础的完整的教学体系，也成为近代中国传统教育的理论支点。

这种传统的教育视角主要表现在：重视学生的共性而忽视学生的个性；重视学生知识的积累而忽视学生的发展；重视奠定学生的全面基础而忽视发展不同学生的优势；重视教学方式的一般规律而忽视针对学生不同特点的教学；重视以统一标准评价学生而忽视多元评价。

教育界也在寻求教育创新的新的视角，譬如，赞可夫的一般发展理论、维果茨基的最近发展区理论、格尔曼的情绪智力理论、斯腾伯格的成功智力理论。特别是霍华德·加德纳（Howard Gardner）的多元智能理论的引入，在中国教育界产生了巨大反响。

2002年2月1日，中国教育学会批准"借鉴多元智能理论的实践研究"课题立项，该课题被确定为"十五"科研规划重点课题，该课题进入了大规模的、有组织的、群众性的实践研究阶段。

这个课题有两个关键词，一个是"借鉴"，一个是"实践"。

"借鉴"是指加德纳的多元智能理论并不是从基础层面到技术层面的完善的应用理论，而是以其心理学的研究成果为我们提供了一种关于人的认知的教育哲学，对中国的教育改革有着非常重要的借鉴意义。它所揭示的人的智能结构的多样性和差异性，成为一种审视教育的新的视角。

"实践"是指多元智能理论研究涉及一些我们力所难及的脑科学研究领域，因此，课题把重点放在运用多元智能理论开发学生潜能的实践研究上。明确地提出，多元智能理论在实践层面上的价值，在于它体现的教育哲学有助于我们更新教育观念，激发教育创新。

"借鉴多元智能理论的实践研究"课题取得了重要成果，促进了实验学校教育观念的转变，进而对推动中国的基础教育课程改革和教师专业发展产生了重要影响。

多元智能理论是对传统教育观念的挑战。

首先，是对传统教育智力内涵局限性的挑战。多元智能理论认为智能是多元的，不应局限在以语言和逻辑智力为核心的传统智力，挑战了传统教育智力内涵的局限性。

多元智能理论认为智能的基本性质是多元的——不是一种能力而

是一组能力；智能的基本结构也是多元的——各种能力不是以整合的形式存在，而是以相对独立的形式存在。人的智能是多元的：包括语言智能、逻辑－数学智能、音乐智能、身体－动觉智能、空间智能、人际智能、自我认知智能、存在智能。因此，每位学生都有自身的智能结构，都有自身的优势智能，不能以唯一标准看待学生。学生没有不好，只有不同。人人都能成功，都有成材的潜能。要以欣赏的眼光看待学生的优点，以发展的眼光看待学生的缺点。

其次，是对传统教育智力与现实世界割裂的挑战。传统智力注重人脑的智力水平。而多元智能则强调人在实践中表现出来的各种智能，注重人在解决问题时所表现出来的各种智能，从而把人的智力和现实密切结合起来。

智商测试中的智力概念，主要是指解答问题，寻求特定问题的答案，以及迅速有效地学习的能力。多元智能理论中的智能概念不是单纯指解答问题的能力，而是指解决问题和生产产品的能力。

最后，也是对传统教育智力活动与道德教育割裂的挑战。传统教育的智力活动比较单一，多元智能理论打破了这种凝固性，使得智力活动成为多种智能互相作用以及智能与道德相互作用的过程。

加德纳提出，"没有一种智能本身是道德或者不道德的，任何智能都可以用来做出对人类具有贡献性或破坏性的事情。显然，我们必须努力同时培养智能和品德，并尽可能使二者并驾齐驱"。

同时，加德纳指出，"新千年的当务之急，不仅仅是认真研究我们的各种智能，以及如何恰当地运用它们。我们必须想出办法，使智能和道德结合在一起，共同创建一个所有种族都愿意生活于其中的世界。即使一个由'聪明人'领导的社会，仍然有可能自我爆炸或毁灭别的国家。因此，智能虽然极具价值，但是正如爱默生所说：'品德比聪明才智更重要。'这句话的含义，无论对于个人还是对于社会来说，都是正确的"。

传统智力理论只局限于学业智力范畴，只通过传授学业知识发展学生智力，只以学业成绩作为评价标准。这一系列偏颇不但对学生智力的发展造成了直接的不良影响，而且最终导致教育难以适应不同智能结构的人的发展，影响了不同学生潜能的开发。

单一的智力观使得学校教育以片面追求学业成绩为目的，催生和强化了教育的应试倾向。所以从某种程度上说，传统智力理论支撑了教育应试化现象，而多元智能理论挑战的正是这种应试化现象。

全国多所学校参与的借鉴多元智能理论开发学生潜能的实践取得了可喜的成果，产生了积极的影响，给中国的教育界带来许多启示。

一是每个学生都是重要的。"人永远是目的"——人是全部教育活动的出发点和归宿。在任何情况下，都应始终把人作为目的而非手段。把人作为目的，这是人类尊严的基础。学生的发展永远是教育活动的目的，也是教师专业发展的目的。任何时候都不能把学生当成手段。

树立"每个学生都是重要的"理念并将之贯穿于教学过程之中，是教育过程公平和结果公平的重要体现，是回归了教育本源的表现，是义务教育均衡发展的重要标志。

二是每个学生都是不同的。我们应当把"面向全体学生"理解为面向每一个学生。学生有共性：共同的生理基础；共同的生存方式；共同的时代特征；共同的发展环境。但学生也有差异：生理基础的差异；智能结构的差异；不同时代的差异；不同地区的差异；生存环境的差异；成长历史的差异。

我们探索出许许多多以"理想的学生"为对象的规律和模式，以为它们可以在每个学生身上发挥教育作用。当然，这些规律和模式都可以为我们提供指导和借鉴，但它们在实践中往往并不能取得预期的教育效果，这是因为实际上并不存在"理想的学生"。

每个学生的智能结构以及原有的学习史造成的发展基础与水平的差异决定了他与别人的不同，而且，影响每个人内因发挥积极作用的外因也不尽相同，可以说，教育学发展的原动力就来自这一个个不同的"非理想"的人。

如果我们的教育只停留在对一般规律进行研究与应用的层面，以假设的学生逃避现实的、具体的学生的挑战，并以固定的模式为标准，对教育教学工作做出评价，那么我们就难以真正引导学校和教师面对现实的、个体的差异，当然也就难以发挥学校和教师的创造性。

三是要认真了解每个学生。研究学生可以说是一个与教育的产生相伴而生的古老话题。而我们今天之所以再次将其作为一个重要的课题提出来，一是因为现在的学生变化很大，更加多样化、复杂化，他们的年龄特征、生理特征都与原来的学生有较大的差异；二是因为现在我们对学生的研究十分薄弱，研究学生受到多种因素的干扰，因此有必要加以强调。

我们在推进课改的过程中，比较多地重视课堂教学呈现方式的转变和通用原则的运用，而忽视针对不同学生的情况研究教学。这种方向性引导的偏差使得教师越来越漠视对教育对象差异性的分析，越来越远离我们所应追求的教育目标。在这种背景下，研究学生也就有了特殊的现实意义。

四是要创造适合每个学生发展的教育。重视不同学生智能结构类型的差别，通过创造适合不同类型学生的教育，使不同类型学生的潜能都得到充分开发。

教育需要模式，但是我们绝不能将这些模式神化，并且凭借权威不加区别地推行这种模式，甚或将这种模式作为唯一的标准来评价教育教学工作。我们要重视研究不同的人在其自身发展过程中的变量，这样才能减少其对教育效果的制约。

通过创造适合的教育，促进个性化学习，使不同的学生都能在个性的基础上打好全面的素质基础，从而增强社会责任感，增强适应社会、服务社会的意识和能力。通过创造适合的教育，促进个性化学习，使不同的学生都能在自己的基础上发展优势潜能，使自身的个性得到充分发展，成为最好的自己。

学生的个性化学习过程是社会性发展和个性发展相统一的过程。既是全面发展的过程，又是个性发展的过程；既是融入并服务社会的过程，又是充分张扬个性的过程；既是增强社会适应能力的过程，又是发展优势潜能的过程。

适合每个学生发展的教育，就是最好的教育。这对于教师的专业发展、对于达成教育目标具有本源性意义。

作为一种关于"人"的理论，多元智能理论提供了一个新的视角，从智能结构的研究出发，为我们正确认识"人"提出一种认识论和方法论，从而，为回答当代教育面临的困惑提供了可贵的借鉴。

（原载《北京教育学院学报（社会科学版）》2012年第26卷第4期）

# 把握教学改革的平衡点

2014年5月，"中加教育论坛"在加拿大举行。其间，我们考察了当地的中小学和幼儿园，并就教育教学改革问题与加方进行了交流。我问多伦多教育界的朋友："你们认为，当前教学改革的难点到底在哪里？"他们说："难就难在把握以学生为主体与以教师为主导之间的平衡点。"我想，把握教学改革的这一平衡点确实触及当前教学改革的深层次问题。

从以课程为中心向以学生为中心转变，是当前世界教学改革的动向之一。课程是学校全部教育活动的载体，是学校教育的基本途径。但是课程常常更多地体现教育的共性目标与基本要求，体现教育者对教育活动的预期，因而难以充分体现受教育者的个性与需求。当我们明确教育不仅要为实现教育者的培养目标服务，而且要为每一个受教育者一生的发展奠基时，我们就自然会从单纯强调以课程为中心，向以学生为中心转变。这充分体现了以人为本的理念。

我们在学校教育中谈以人为本，当然首先就要以学生为本。一要面向全体学生，促进学生的全员化发展。英国校长培训的第一课就是教育价值观，而"每个学生都是重要的"就是他们对教育价值观的概括。这不仅是对教育公平的最好诠释，而且凸显了全员化发展的教育理念。二要面向不同的学生，促进学生的个性化发展。学生由于身体与心理条件不同、家庭生活环境不同、成长发展经历不同，所以必然有其不同的个性特征；同时，每个学生的智能结构不同，所以其优势潜能亦不同。因此，以学生为中心就是要使每一个学生在奠定良好的共性基础的同时，张扬其优良的个性。三是教学过程必然是学生自主发展的过程。学生是学习的主体，学生只有在每一个学习阶段、学习每一门课程和参加每种活动的过程中，都充分发挥主动性和创造性，他们的健康发展才能真正成为可能。在当今科技变革和产业革命飞速发展的时代，在当今人本主义精神被广泛认同的时代，教育改革的这种动向自然受到各国政府和教育界同仁的关注。

在此背景下，出现了不少以学生为中心的有关教学模式的探索。比如：探索合作式学习、探究式学习、实践式学习；增加选修课程，实行分层走班、导师制，引进翻转课堂；甚至为每个学生单独设置课表，根据学生的需求开设课程；等等。这些实验体现了"人才论"与"人生论"的统一，即将基础教育为国家培养人才奠定基础，与为个体的幸福人生奠定基础结合起来。这样，教学过程即成为学生自我超越、树立自信、体验人生价值的过程，体现出科学精神和人文精神的紧密结合。

但是，每个学生的自主发展都与学校和教师的引导密不可分。特别是在基础教育阶段，我们不能简单地认为教学过程完全是不需要预设的生成过程。基础教育的基础性，体现在为每个学生的未来发展奠定坚实的基础，包括工具性基础、思维性基础和文化性基础。工具性基础主要是指知识和技能，我们要让学生掌握一定的文化科学知识，掌握必要的表达、计算、动手等"硬技能"，以及组织、策划、交往等"软技能"。这些是学生今后生活与工作的重要工具。思维性基础主要是指过程和方法，我们要让学生在学习过程中发展自己的思维能力，特别是思维的条理性、综合性和批判性等。这些是学生今后发展与创新的重要能力。文化性基础主要是指以价值观为核心的道德、人格、修养。这些是学生今后为人处世的基本准则。这些基础都不会完全自发地形成，所以，学校和教师的引导至关重要。

于是，一个重要的课题摆在我们面前，那就是找到以学生为主体与以教师为主导的平衡点和契合点。在教学过程中，教师要创造适合不同学生发展的教育，而不是以单一的教育模式应对不同的学生；要既能循循善诱、因材施教，又能不愤不启、不悱不发；既把教学改革的重点放在高度重视学生的主体作用上，又充分发挥教师在教学过程中的主导作用。我想，这才是基础教育的科学性与艺术性高度结合的真正体现。

（原载《中小学管理》2014年第9期）

# 把握"国学教育"的精髓

最近，一个很有价值的课题——"传统文化与中小学生人格培养研究"开题了。这是近年来国学教育热、经典诵读热的深化，更是推动中华优秀传统文化教育的又一积极探索。

中国共产党第十八次全国代表大会提出立德树人是教育的根本任务，这不仅是对教育功能的准确表述，也有着极强的现实针对性。学校教育承担着培育和践行社会主义核心价值观的重要责任，因此，强化教育的基本功能已成为关系国家前途命运的大事。

国格立足于国人的人格，人格的塑造又要以国格为依据。当代中国的国格从本质上讲就是社会主义核心价值观，就是中华民族的民族精神，它是中华民族优秀传统文化与时代精神完美结合的体现。国学是中华民族灵魂与智慧的结晶，国学经典是传统文化的重要载体，是人格教育的重要教材。因此，加强国学教育就成为当前立德树人的重要途径。

我认为，当前在传统文化教育和国学教育中要处理好以下几个关系。

一是国学经典与时代精神的关系。其实，我们称之为国学经典的著作也是随着时代的发展而演变的。就儒家经典著作而言，即从最初的《诗》《书》《礼》《乐》《易》《春秋》，到秦焚书坑儒后，汉初恢复"六经"，唐演变为"九经"，宋时为"十三经"，南宋朱熹汇辑刊刻"四书五经"。至于对经典著作的解读，则更是随时代发展而变化。因此，我们在国学教育过程中，应当重视与现实的结合，包括与时代精神、社会现实、现代生活、科学进步的结合。不仅要通过国学教育发展古人的盛世观，更要通过国学教育实现今人的"中国梦"。

二是知识教育与人格教育的关系。我们不要把国学学习变成单纯的知识学习，要始终把握国学教育的精髓是人格教育。不要脱离学生道德水平的提高，不要脱离对经典内涵的理解，把让学生记牢背会当作最终目的。教师对经典教材的理解水平是决定国学教学效果的前提。教师要结合学生的年龄特点、道德状况和接受能力，帮助学生理解国学经典的要义，特别是把握爱国主义这一中华传统文化的核心。当然，经典著作需要诵读，也需要记忆，现在，许多教师在继承的基础上创造了吟诵、素读等学习方式，这是传统文化教学的可贵成果，但不要只以学生能背诵多少佳篇名句为炫耀的资本，不要把国学教育变成一门学古文的语文课，甚至还要考试，不要让国学教育成为课业负担过重的又一诱因。

三是取其精华与去其糟粕的关系。有人认为，取其精华、去其糟粕是一个伪命题，因为对何为中国传统文化的精华与糟粕，大家尚见仁见智，难以界定。从价值相对主义或学术研究的角度来看，这完全可以理解。但在中小学推进国学教育的过程中，我们在辩证地对待传统文化的同时，必须以一种正确的价值取向作为引领学生健康成长的主导。比如，我国儒家文化的本源与历代封建统治者及文人对儒家文化的演绎并不完全相同，这就需要我们进行辨析与取舍。传统文化的核心价值，如爱国爱民、艰苦奋斗、诚实守信、勤俭节约、天人合一、尊重自然、互助互爱、见义勇为等，都需要我们弘扬，但有些与当代价值观相背离的，则需要我们做出正确的评判。因此，取其精华、去其糟粕，古为今用、推陈出新，加强对优秀传统文化思想价值的挖掘与阐发，维护民族文化的基本元素，使优秀传统文化成为鼓舞我们前进的精神力量，仍是教学的重要原则。

四是提高认识与付诸实践的关系。《论语》中的第一句话就是"学而时习之，不亦说乎"，可见，孔子很强调学用结合、学以致用、言行相符。他说："诵《诗》三百，授之以政，不达；使于四方，不能专对；虽多，亦奚以为？"学用分离、言行不一是当前学校德育的通病，所以，我们要努力使国学教育真正体现传统文化教育的本位价值，防止再犯理论与实践脱节的毛病。

当前，国学教育、经典诵读教育，在提高学生读写能力的教学实践中已经取得了较好的效果，积累了比较成功的经验，但如何通过国学教育实现立德树人的目标，尚需我们做进一步的探索。我相信，通过进一步的研究与实践，我们一定能走出一条通过传统文化教育更好地培养学生人格的新路。

（原载《中小学管理》2013 年第 6 期）

# 从只看"冷冰冰的分"到关注"活生生的人"

长期以来，我们评价学生的重要依据是考试分数，评价学校的重要依据也是考试分数，高校录取也常常以分数为唯一标准，追求冷冰冰的分已经取代了培养活生生的人。而人并不是用单一的分数可以考量的，"唯分数论"已经成为教育事业发展、国民素质提高和人才强国建设的阻力。随着时代的前进，更为全面和科学的综合素质评价就必然提到教育改革的重要日程上来。

综合素质评价是提高学生全面素质的重要举措，是教育方针、培养目标、教育过程、教育结果相统一的不可或缺的重要环节。评价的综合性就在于不仅要关注学生的学业成绩，而且要发现和发展学生的全面素质和多方面潜能。因此，由只重视对学生以分数为依据的单一评价转向更加重视对学生综合素质的评价，不仅有助于高等学校选拔人才，也有助于实施素质教育。综合素质评价一方面可以引导学生自我教育、自我发展，向着既有坚实的素质基础又有鲜明的个性特长的目标前进；另一方面可以引导教师转变教育教学行为和方式，树立全面的教育质量观和学生观，从而实现教育的整体优化。综合素质评价还能引导学校转变办学理念和管理方式，以学生综合素质提升作为学校教育的出发点和归宿。同时，综合素质评价也引导家长和社会为学生的全面发展提供支持和服务。因此，从只看"冷冰冰的分"到关注"活生生的人"，是推进教育改革的有力措施，为高校选拔人才提供了更为全面科学的依据。

国务院《关于深化考试招生制度改革的实施意见》从坚持育人为本，尊重教育规律的基本要求出发，首次将学生综合素质评价正式纳入考试招生制度框架内，是一项更加科学全面，也更为重要的关键性制度建设。教育部根据《关于深化考试招生制度改革的实施意见》在前一阶段实践的基础上，提出进一步推进综合素质评价工作的指导意见，坚持了评价原则的科学性、评价内容的全面性、评价方式的多样性和评价过程的规范性。

综合素质评价应当坚持适宜性、发展性、客观性和公正性的原则。一方面要体现以人为本、以促进人的发展为目的的教育本源，另一方面又要体现从实际出发、实现规则公平的实事求是态度。因此，既要凝练教育事业改革和发展的先进理念，又要符合我国社会主义初级阶段的现实。在这里，对人的尊重和国家的需求、教育公平和质量、科学精神和人文精神得到了有机融合。

综合素质评价的内容是对学生全面发展状况进行考查，包括品德发展、学业水平、身心健康和艺术修养，涵盖了德、智、体、美等主要方面，并在这一基础上突出了社会责任感、创新精神和实践能力。这是我国社会主义教育观和人才观的体现。我们需要的人才，特别是创新型人才，应当具有扎实的全面素质基础，同时有远大的抱负和创造的才能。引导学校加强对学生社会责任感、创新精神和实践能力培养的关注，就是在通过克服"应试教育"倾向弥补我国人才素质的短板，因此有着很强的现实针对性。

综合素质评价从多个角度进行，实现了评价方式的多元化和立体化。过去习惯性对学生的评价方式是教师给学生写评语，而评语容易出现以下几种问题：一是概念化，没有具体内容，只有简单概念；二是同质化，很多学生的评语都相差无几；三是功利化，为了有利于学生高校招生录取，常用溢美之词；四是无效化，高校招生时认为评语信度很差而不予参考。现在我们在综合素质评价改革中，加强了自我评价，注重了相互交流，强化了指导帮助，就使评价成为学生自我认识的助手、自我发展的动力，不仅具有判断作用更具有激励作用。教师评语强调突出个性特点，高校招生时采取集体评议等方式，就有力地增强了综合素质评价的信度和效度。

加强和改进综合素质评价就要明确规定评价程序和组织管理。规范的程序是综合素质评价有序进行，减少区域与学校评价工作随意性的依据，而严格的组织管理是综合素质评价真实、公正的保证。

从只看"冷冰冰的分"到关注"活生生的人"，从用分数选拔人才到用综合评价选拔人才，这代表了中国高考改革的方向。选人方向出了问题，评价方法再简便、考试工具再完美也没有用。而坚持正确的改革方向，则离不开科学有效的评价办法和工具的支撑，建立可信可用的学生综合素质评价制度将成为今后基础教育和高等教育共同面临的一项紧迫而艰巨的任务。因此，需要凝聚各界共识，需要提升评价能力，需要健全诚信体系，更需要在实践中不断积累经验，不断完善。我很高兴地看到，今年上海交通大学、浙江大学等都推出了自己的自主招生综合评价录取办法，在学生综合素质评价与使用方面迈出了可喜的步子。在高中全面实施综合素质评价，并在义务教育阶段学校根据学生年龄特点参照实施，是我国学生评价制度建设的重大举措，是高校招生考试制度改革的重要组成部分。这是我国教育改革前进的标志之一，我们应当为其不断取得新的进展共同努力。

（原载 2014 年 9 月 6 日《中国教育报》）

# 办知行统一的真教育

陶行知先生的名字从"知行"改为"行知"，体现了他的哲学思想从王阳明的"知是行之始，行是知之成"到他的"行是知之始，知是行之成"的主张的转变，也是他始终遵循的要做真人的人格的体现。我想，我们今天应该向陶行知先生学习的教诲有很多很多，首先就要学他的知行观和做真人，因为，这对今天的教育改革仍然有着极为现实的指导意义。

我国教育改革和发展在取得巨大成就的同时，也面临许多新的挑战。十八大为我国实现伟大的中国梦勾画了宏伟的蓝图，《国家中长期教育改革和发展规划纲要（2010—2020 年)》确立了到 2020 年的具体目标。在深化教育综合改革的道路上，我们必须坚持知与行的统一，防止知与行的脱节。在教育改革的进程中，有四种脱节的现象值得重视。

一是理念与政策脱节。部分地区的领导同志，在各种会议的报告中所阐述的理念，听起来是和中央保持一致的，但所制定的具体政策则并不一定与其所说的相符。比如，都在口口声声强调简政放权，给学校更多的办学自主权，但机构并没见减少，会议仍不断增多，文件不少发，检查更频繁。结果学校的负责人疲于应付，不能集中精力用于研究学校教育教学工作。

二是目标与评估脱节。有些地区所确立的教育目标听起来是正确的，既符合教育方针，又符合教育规律。但其评估标准、评估方式和奖惩办法，则是另立一套。比如，口头上讲要端正办学指导思想，面向全体学生，促进学生全面发展，但实际上评价学校和教师仍是用高考升学率和考试成绩排队，只看一点，不及其余。结果造成学校压力大，学生负担重，全面发展成为空谈。

三是热点与重点脱节。热点问题常常是社会广泛关注的问题，当然应该予以重视。但形成社会热点的原因是多样的：有的确实是社会的重大问题，有的也可能是一时的问题；有的是根本问题，有的也可能是表面现象；有的是突发事件引发的问题，也有的是名人名家言行的强烈反响。总之，它是在传统媒体或新媒体以及其他有话语机会人群的呼吁中形成的。但也有不少教育事业发展的重点问题，由于没有上述机会，并不一定能够形成热点，往往会被不同程度地忽视，甚至长期难以解决。比如，贫困农村地区义务教育学校办学条件问题，至今仍然有做不到校校无危房、人人有课桌椅的，至于班额过大，寄宿生一床多人等问题，对于有些地区来说，连解决的方案都还没有。这些义务教育尚存的"温饱"问题，其实是我国教育的重大问题，但因很难形成热点而难以引起高度关注和得到切实解决。

四是展示与常态脱节。我们现在以加强多种检查与督导的方式来推动工作的落实，但能够看到真实情况并不容易。因为一方面督导检查由于时间和条件所限，常常只能走马观花，另一方面基层迎检已有经验，会根据检查和督导要求事先进行安排，尽可能展示好的一面。当然，有时双方都心照不宣。就拿研究课和一度流行的"赛课"来说，经过多人协助，经过多日准备，展示出来很精彩，也可以得到专家的好评，不能说没有一点作用。有些学校为了荣誉，对赛课之类的观摩教学的重视远远胜过对常态教学改进的重视。但总体来看，这种脱离常态的做法，对常态课的改进并没有产生多大影响，我国课堂教学的新常态并未真正形成。

近日，澳大利亚教育研究委员会首席执行官基弗·马斯特斯（Kiefer Masters）在题为"学校改革真正起作用了吗"的文章中指出：学校改革与提高学生成绩水平是当前全世界各国政府的优先任务。尽管不是所有国家都用相同的方法来应对这些挑战，但在大量英语国家，尤其是美国、英国、新西兰和澳大利亚，在过去 20 年里，其学校改革包含许多共同的改革策略。比如，设定明确目标，引入绩效评估，扩大学校自主权，强化问责制度。尽管各国有以上的改革努力，但问题是，在这些宏观改革实施期间，学生成绩很少或没有提高。马斯特斯认为，部分原因在于没有关注用什么样的机制来确保以上宏观改革战略改变日常的课堂教学与学校管理实践。

西方国家教育改革中顶层设计与微观实践的脱节给我们带来了启示，那就是，办教育就要坚持知与行的统一、理论与实践的统一，这样的教育才是真教育。我想，陶行知先生有知，也一定会告诫我们这样做，并期待我们这样做。

（节选自 2017 年 11 月 14 日《中国教育研究》
《当前教育改革的几个问题》）

# 更加关注教育过程

"我们的人民热爱生活，期盼有更好的教育、更稳定的工作、更满意的收入……期盼孩子们能成长得更好、工作得更好、生活得更好。人民对美好生活的向往，就是我们的奋斗目标……"这是 2012 年 11 月 15 日，习近平在当选为中共中央总书记后讲过的一段话。期盼有更好的教育，是广大民众的心声，也是当前我们推进各项教育改革的出发点和落脚点。

我们当前之所以要加快和深化教育改革，主要基于三方面的考虑。一是时代驱动。教育的发展从来都是服务于社会的发展的。我们处于这样一个面临诸多机遇和挑战的时代，教育需要顺应社会形势进行改革。二是目标驱动。我们确定了中华民族伟大复兴的目标，提出到建党 100 年时要全面建成小康社会，到中华人民共和国成立 100 年时要建设成为富强、民主、文明、和谐、美丽的社会主义现代化国家，这样的目标需要教育加快改革步伐。三是问题驱动。目前，我们的教育无论是在公平还是在质量方面，都存在一些迫切需要解决的问题，需要进行教育改革。

我们的教育改革是基于时代、目标、问题三者驱动而展开的，教育改革的内容就必然聚焦国际社会的关注点，聚焦我们党和政府以及广大群众的关注点，从而形成教育改革的动向和趋势：更加重视教育公平，更加重视核心素养，更加重视教育过程，更加重视开放办学。

目前，世界各国都开始关注教育过程，如美国强调 STEAM 教育，芬兰提出"现象教学"，法国提出"做中学"，我国提出研究性学习、项目学习或专题学习等。现在发达国家，尤其是美国高度重视 STEAM 教育。他们认为，未来学校的课程不应各自独立，而应从实际出发，通过把各学科知识融合在一起来认识、思考及解决问题，培养创新精神。STEAM 教育重视学科教学与现实世界的联系，注重学习过程以及跨学科的学习研究。同时，美国部分学校开始建立创客教室，里面配备 3D 打印机、激光切割机等数字开发工具和制造工具，以进一步培养学生的思维能力、动手能力和创造能力。

我国教育部在《关于"十三五"期间全面深入推进教育信息化工作的指导意见（征求意见稿）》中也提出，未来五年要探索 STEAM 教育和创客教育。创客教育的关键是把创客空间整合到现在的教育项目中。目前，国内一部分学校的创客空间已经配备了 VR（Virtual Reality，虚拟现实）和 AR（Augmented Reality，增强现实）设备，以强化学生在学习过程中的体验。

推进教育改革关键在于要有规矩、有技术、有人，教育改革要抓好以下三个关键点。

有规矩——严格落实依法治教。依法治教是依法治国的重要组成部分，它包含几方面内容。一是依法治教。即无论教育行政部门，还是校长、教师等一线教育工作者，都要树立法制观念，以法律为依据办学育人。二是依法行政。即各级政府在制定规则及实施管理过程中必须坚持依法进行。三是依法办学。我国现行教育法律法规虽然还有有待完善之处，但已有的法律足够所有学校规范自身的办学行为。四是依法督导。各级督导部门在督导实践中需要以法律为依据，不能自行确立与法律相违背的标准。五是依法维权。要依照法律维护学校、教师、学生的正当权益，不能以权代法。

有技术——充分应用科学技术。科学技术的应用对教育发展的影响非常之大。有人提出，教育技术正在进入第四次革命，信息技术是其中一个重要方面。新媒体联盟在其 2016 年发表的权威报告《新媒体联盟地平线报告（2016 基础教育版）》中提出，由于互联网和人工智能的快速发展，未来人类要想在这个世界上生活和工作，教育必须发生改变。美国最近也公布了一个预测，到 2030 年其国家劳动岗位可能有 40% 会被机器人取代。因此，《新媒体联盟地平线报告（2016 基础教育版）》预测各国近期可能要培养学生的编程素养，让学生在创客空间里进行线上学习；中期可能要组织学生开展合作探究及深度学习，包括对机器人及虚拟现实的应用；远期更可能要重新设计学习空间，包括人工智能和可穿戴设备都有可能进入学校。

有人——全面提升教师素质。教育的深刻变革关键在于教师，提升教师的专业素养现在已成为迫切的任务，教师培训在内容、方式方面都要发生相应改变。无论是针对教师的职前培训，还是教师在职发展的需要，都强调教师要学会使用新技术；同时，教师角色也要逐步发生改变，要从传授者转变为引导者和合作者。

教育改革创新的目的是促进发展，而发展必须要坚持协调的原则，因此下一步的改革难点在于怎样把各方面关系协调好。总之，改革必须要有力度，但同时要稳步推进，重视协调，而协调本身也需要创新，是更深层次而且是保证持续发展的创新。

（节选自《期盼更好的教育：当前教育改革的趋势与动向》，
原载《中小学管理》2017年第6期）

# 呼唤管理流程重构

一位校长对我说，最近上级来校检查我的听课笔记，我很愧疚，但又很无奈，因为我从早到晚都在忙碌，但就是没有多少时间走进教室，没有多少时间能真正用来研究教学和教学改革。这恐怕不是一位校长的个别感受。在各级领导激昂慷慨的简政放权声音中，学校的自主环境并未真正变得宽松，自主精神并未真正得到加强，这确实值得关注。

同样，教师们也有类似的感受。有的教师说，现在的学校管理和教学改革不断有新的提法、新的招数，结果总是在提出新要求，听取新汇报，进行新总结，接受新检查。如果换一位新的领导，则又开始新一轮的加码更新。学校工作永远是加法，永远穷于应付。

部分地区存在的这种教育生态以及由此萌生的校长和教师的职业倦怠，确实到了应该给予足够关注的时候了。因此，只是一般性地谈简政放权，已经难以改变现有的管理思维和解决现有的管理方式带来的困扰。治理体系和治理能力的现代化是一个艰苦的甚至痛苦的改革过程，必须由实实在在的体制、制度和措施的变革来保证。因此，重新审视现有的管理流程，并且下决心进行流程重构，就成为当务之急。

回顾近30年来我国教育前进的历程，教育管理部门为教育事业的改革与发展做出了重大贡献，但也不能不看到在这一过程中管理机构增设之多、管理人员增加之多成为当前产生教育管理问题的重要原因。再加上其他行政部门从各自职责出发对教育部门管理的介入，使得对学校的多头领导成为常态。于是文件多，会议多，评比多，检查多，同时，各部门对学校的要求交叉多，矛盾多，掣肘多，制约多。造成学校常处于一种被动与困惑的状态。

因此，首先要进行机构精简。要统计一下在学校以上有多少管理学校的部门，其中教育管理部门（包括行政部门和业务部门）共有多少人，另有多少是从学校借调的，总管理人员数与一线教育工作者的人数比是多少。然后认真分析可以精简合并的机构、部门与人员。上面头绪多，对领导和领导者也有绩效考核，于是就对下面布置了许多任务，上面千条线，下面一根针，上面越积极，下面就越忙乱，最终无法将主要精力用于学校内部的改革，甚至会将这种压力转嫁于教师。当然，根据以往经验，精简机构的前提是机构职能的转变，历次精简由于只减机构、人员而没有简政，所以最后越精简机构越庞大，人员越多。

其次，要摆正政校关系。说到简政，现在把明确政府权力清单和学校负面清单作为抓手，无疑是十分正确的。明确政府应当管什么，不管就是失职，多管就是越权。同时，明确学校不许做什么，做了就是违法违规，除此以外都在允许之列。这样，政校关系十分清楚，学校也就可以真正在依法治教的前提下发挥创造性，自主办学了。不过，开出这两项清单并不容易，因为这不仅牵扯到传统管理惯性的改变，也牵扯到既得权力甚至利益的调整。有一位教育局局长对我说，权力清单的最后，总要有一句"领导交办的其他事项"，这样，清单又变成无边界的了。

再次，要重构管理流程。传统管理常常是让基层服务于管理者，而非管理者服务于基层，现在的确应当多为基层想一想。因此，要切实精简会议，不仅应当规定无会议日，而且最好规定会议日，无特殊情况不得在会议日外随意召开会议，并且尽可能采用电视或电话会议的方式。要建立统一的评价体系，现在很多部门将科研式的评价方式用于经常性评价，结果评价体系繁多，评价指标重复烦琐，致使检查和评估也就出自多门，重复烦琐。各部门都害怕本部门工作不被重视，纷纷出台评估指标和评估办法，纷纷进学校检查，致使学校应接不暇。再有要以精益管理理念重构管理流程，听取基层意见，找出完全不必要的管理环节，果断地将其革除，通过将管理化繁为简，使效益最大化。

最后，要明确有限责任。现在学校几乎处于承担无限责任的状态，一有事故，无论什么原因，常常都归咎于学校，首先是校长。当然，学校特别是校长应当努力维护学校的正常秩序，加强安全教育和建立各种事故的防范预案。但应当明确责任边界，事故发生后，应当依法处理，学校和校长也应当在依法办学的过程中学会依法维权。

对学校管理流程的重构，必将催生学校内部管理流程的再造，这样，教师也能在精益管理的氛围中，将精力真正用于提高教育教学水平。

（节选自 2017 年 11 月 14 日《中国教育研究》
《当前教育改革的几个问题》）

# 寻求社会功能与教育功能的协调

有一张照片反映的是印度最近发生的高考作弊现象，考生家长们都已经爬上楼外窗户帮助考生作弊了。印度被有些报刊称为世界高考作弊大国，最近引起热议的问题就是印度为什么会成为作弊大国。

很多专家从各种角度进行分析。有的认为这主要是印度教育资源分布不均造成的；有的认为高考确实决定命运，因为能不能迈过这个门槛对考生未来的发展有很重要的影响；有的认为印度穷的邦作弊更多些。

也有的专家认为，如果考题偏重死记，就比较容易作弊，如果考题的答案是灵活性的，需要考生进行多角度思考的、评论式的，那么就很难作弊了。

还有的专家认为是社会规则意识淡薄，这其中包括道德意识和法律意识，这种淡薄可能也是印度成为作弊大国的原因。

多角度分析印度为何成为作弊大国，实际上也在探讨一个问题，就是高考到底在这个国家处于什么地位，起着什么作用。

今天，我想从如何寻求高校招生制度的社会功能和教育功能的协调角度，来看看国际高校招生考试的动态。

一是高校招生考试承载的功能需要协调。

高校招生考试到底承载着什么样的功能呢？我想主要是两个功能，一个是社会功能，一个是教育功能。现在高校招生制度在各国都是一个难题，常常是改来改去，实际重点都是为了寻求社会功能和教育功能两者之间的协调。

高校招生考试的社会功能主要是选拔功能和调节功能。

选拔功能起到两个作用：一是为高等教育选拔新生，为社会培养未来需要的优秀人才奠定基础；二是使个人能够获得接受高等教育的机会，为个人未来的发展奠定基础。所以高校招生考试既是社会的需求，也是个人发展的需求。

目前，高校招生考试的调节功能可能越来越突出。高校招生考试是社会优质资源的一种分配方式。虽然现在一些国家基本上普及了高等教育，但这只是少数国家，在多数国家高等教育还是有限资源；尽管有的国家高等教育的普及程度比较高，但是优质的高等教育资源相对来说还是少的。因此优质的高等教育资源仍是稀缺资源。这样一来，高校的选拔考试本身就是一个有限的教育资源，特别是优质教育资源的分配过程。这种分配有两种可能，一种可能是分配得不公平，不公平的分配就会加大贫富差距，就会加剧社会矛盾，就会增加社会的不稳定因素。另一种可能是分配得相对公平，这就有助于缓解阶层的固化，增加各阶层相互流通的渠道，有助于减少贫困，缓解社会矛盾，促进社会稳定。高考在缓解社会矛盾、防止阶层固化方面到底能起到多大的作用，学术界的看法不一致。有的认为作用非常大，比如，中国封建时代的科举制度，贫困阶层的人都可以参加考试，人人都可能中状元做官。也有的专家分析，高考能够使贫困阶层的多少人参与阶层流动呢？这个比例很小，因此高考对于促进社会阶层流动和减少贫困的作用并不是很大。不管怎么样，都是起一定作用的，而且随着社会发展，随着高等教育的普及，这种作用会越来越大。

所以高等教育的社会功能一方面在于选拔，一方面在于调节，选拔从某种角度来说又对调节产生重要的影响。

总体来说，对高校招生考试的社会功能，大家的关注点在于高考能不能公平、公正、公开。

在考试内容上，大家的关注点第一在于考哪些科目，因为考试科目的确定实际上会对不同人群、不同地区甚至不同性别的考生产生不公平或者不公正。第二，是考试的命题，最近社会对高考命题也有议论，有的农村考生提出，他们对城市生活并不熟悉，因此出的考题如果只偏重城市生活，对他们来讲就是不公平的。同时还有监考的公平性、评分的公平性。评分公平可能是下一步在更大范围内进行统考的时候各界更为关注的问题。我在教育行政部门工作多年，也曾经试验过统一考试后，统一评分还是区域自行评分，自行评分的结果和统一评分的结果是不一样的，评分的弹性很大，很难跨区域比较。当然大家还关注招生的问题，招生中名额分配是不是公平，录取的依据是不是公平，还有录取的方式是不是公平，等等，都是问题。

为了保证社会的公平，必然还要实行一些政策倾斜，政策倾斜是调节公平的重要方式。如对贫困地区、贫困家庭成员给予一定的政策倾斜，实际上很多国家都采取这种政策倾斜的方式来实现社会的公平。最近印度总理提出：为了能够选拔更优秀的人才，考试内容当中应该加入对学生天资的测试，我理解的天资包括智商在内。他这话一出来就遭到很多人的反对。如果再加上天资测试的话，腐败就会更严重了。所以，社会的关注点是高考是不是真正的公平、公正，是不是能够做到公开。

　　高校招生考试的另外一个功能就是教育功能，包括导向功能和评价功能。

　　教育的导向功能在于，一方面引导着全社会重视提升国民素质，重视提升国民文化水平，让更多的人接受高等教育，对整个国家未来的发展有重要的影响；另一方面则更重要，就是引导基础教育改革和发展方向，不管怎么说，客观上总会是怎么考怎么教，这种导向作用是很明显的。各个国家的高等教育考试对于基础教育、对于高中阶段的教育的影响都是很大的。

　　再说评价功能。我们从一般的社会认识的角度谈评价，常常以高考的结果来评价一个区域或一所学校的教育水平，一个地方的高考水平高，说明这个地方的教育水平比较高，一所学校的高考水平高，说明这所学校的教育水平高。当然，另外一种评价是以高校录取水平来评价高校的社会地位，如果哪一所学校报考的人多，招生的分数线就高，人们就会认为这所高等学校的学术地位跟社会地位是高的。当然这都是一般的社会观点，现在也在改变。同时，我们也会借助对考试和招生状况的分析，来调整基础教育改革方向。通过对高等教育考试结果的分析，可以看到基础教育到底存在什么样的问题，哪些内容需要改进，所以高考本身具备评价功能。

　　高校招生考试的教育功能的关注点和社会功能的关注点并不太一样，教育功能更多地关注是不是以人为本，是不是因材施教，是不是能够使人的素质真正全面发展，学生的个性特长能不能得到显现，更多的是从育人的角度，从每一个人的发展的角度来考量。考量重点不在于公平、公正、公开，而在于对人才的培养和每一个人的发展是不是真正起到了促进作用。所以，高校招生考试的教育功能比较关注科目的设置是不是有利于学生素质的全面提高，命题的方式是不是有助于学生能力的提高，评分是不是从多元的角度进行，学生是不是有比较大的自主选择空间。从招生角度来看，应该给高校更多自主招生的权力，应该在选拔人才的时候重视学生的个性和特长，应该因专业需求选拔，因人而异招生。

因此，高校招生考试改革当中的难点，实际上就在于教育功能跟社会功能两者如何真正地协调起来。这实际上是各个国家都面临的难题。

这两者之间并不存在根本矛盾，但关注点、侧重点确有不同。应该看到强化社会功能是有助于社会稳定的，因此体现在招生考试上是尽可能统一，因为方式和规则统一容易体现公平；强化教育功能，主要是人才的选拔，方式就倾向于多元。因此，统一跟多元在高校招生考试当中始终是必须处理好的一对矛盾。不同的国家、不同的时期由于当时社会的矛盾焦点和政府关注点不同，所以社会功能跟教育功能的协调方式常常是由时代背景决定的，不同时期的社会背景往往决定不同时期的功能协调方式。所以高校招生考试的方式不是简单地由教育专家来决定的，而是服从于时代大背景的。同时，由于政府的关注点、社会的关注点发生变化，这时候协调的方式也就不得不做出调整。因此，我们在研究高考方式变革的时候不能离开社会大背景。

二是各国对高考招生制度的关注度不同。

不同的国家对于高考招生制度的关注度是不完全一样的。有的国家是非常关注，有的国家是一般性关注，有的国家是不太关注，这是由不同国家的不同情况决定的。涉及的因素有国家的经济发展水平、民族文化传统、社会分配状况。在一些国家，上不上大学在未来的收入和社会地位上并没有太大的、明显的差别，这样的国家对于高考的关注度就相对低一点。如果这是一个重要的门槛，过了这个门槛与不过这个门槛，个人的发展道路差别很大的话，社会的关注度就会很高。另外，还有高等教育的教育资源状况，包括总体的高等教育资源状况和优质教育资源状况，以及高等教育收费的状况。有些国家高等教育是免费的，像法国、德国，免费国家的状况和收费国家的状况又不一样。还有就是高等教育普及率和高中教育普及率的高低也影响社会对高考的关注度，在一些国家，如果高考造成基础教育的学生负担很重的话，社会关注度也会高。

众所周知，日本是学历至上的国家，个人的社会地位、受尊重的程度都是由学历和大学的知名度决定的，所以对日本人来说，能不能上大学、上什么样的大学，决定了他未来站在什么样的起跑线上，因此日本的高考是日本青年人命运的重要转折点。日本考生分三类，第一类是应届生，第二类是往届落榜生，第三类是已经升入大学，由于大学不理想又再次参加高考的学生。这三类考生都会想方设法地考上理想的学校。

2015年，法国公布了一项民意调查结果，超过80%的人认为毕业会考是重要的考试，因为在法国毕业考试就等同于高考，但68%的人认为如果不通过高考，人生同样可以获得成功，只有30%的人认为高考对于人生的成功必不可少。墨西哥人对高考没有如临大敌的感觉，他们对能不能上大学普遍都持顺其自然的态度，一次考不上可以多考几次，实在考不上就干别的，家长也鼓励孩子考，如果考不上也不会挖苦孩子。澳大利亚很多学生并不是很看重大学，因为上大学与不上大学的人生活水平相差不大。两个中学生，一个上大学，一个找到工作，上大学的到了参加工作的时候，没有上大学的已经工作好几年了，而且工资比上了大学的少不了多少。读了本科、研究生的工资起点是高的，提薪的幅度也是大的，但是工资越高税收越高，同时失业有失业救济，因而，总体来看，澳大利亚人不会把高考看得那么重。美国的教育普及率是世界上最高的，主要的竞争是在优质的大学，普林斯顿大学录取率是9%到10%。巴西因为公立大学实行了免费教育，所以很多学生愿意参加高考。印度的高考是充满恐怖气氛的，落榜的考生羞于见人，常常会有自杀的情况。

三是各国高校入学考试方式不同。

关于高校入学的考试方式，各国也不太一样。

美国没有全国大学入学的统考，但是有两个影响比较大的考试。一个是SAT[1]，一个是ACT[2]。SAT一年考七次，就是语文和数学的考试。SAT和ACT考试的区别是SAT更注重能力测试，ACT是学科测试，

---

[1] SAT，Scholastic Assessment Test，学术能力评估测试。

[2] ACT，American College Test，美国大学入学考试。

从难度来看 ACT 比 SAT 容易一些。

英国的中学生在接受 5 年中学教育后要参加普通中等教育证书考试，之后学生可以选择工作，或者上技术学校等，而那些希望继续深造的学生可以继续进行两年的免费学习。学生采用单科结业的方式参加"高级水平普通教育证书"考试，即英国高等教育的入学考试，这就相当于中国的"高考"。最后两年一共有四次考试，一年两次，学生如果对考试结果不满意，可以选择再考。

法国高中学生的毕业成绩就是高中会考的成绩，原则上，通过高中会考的学生都可以申请进入大学。

加拿大没有高考，加拿大中学生如果想上大学，不用参加专门的考试。印度没有全国性的统考，各大学自行出题，或者各大学之间举行联考，学生有更多的选择，据说有的考生一个考季可以参加 20 多次考试。

日本公立与部分私立高校每年 1 月有一次全国性统一考试，主要是基础学科，2 月到 3 月各个学校再根据自己的情况安排考试。

韩国 2002 年以后试行的高考制度特点是对考试成绩不再计算总分，而是对各科目的考试成绩分别打分，依据分数段确定各科目的等级，以及综合等级，一共划分 9 个级别，每年的等级比例根据每年的考生人数确定，这种把成绩合成等级的方式，我们现在也在参考。

墨西哥各种考试机会非常多，没有全国统一高考，不管公立还是私立都是各个学校自己组织考试。

澳大利亚是以学生高中两年的综合成绩加上一次地区的全澳等级考试成绩来综合评定学生的大学录取分数的。学生综合成绩是根据高中两年的考试、课外作业、作文和演讲这四项成绩来评定的，澳大利亚从小学开始就没有统一的教材，有一个指导纲要，每位教师自己组织教材。澳大利亚划定了 40 门科目作为高考范围，学生可以从中自选 4 门，这 4 门的分数是等值的。选择演讲和体育，跟选择高等数学和经济学的分数是等值的，这样会使学生更注重自己的专长。

巴西高等院校分联邦的、州立的、市立的、私立的，各个学校考试的侧重点不一样。

中国台湾地区升大学的考试一共有两次，一次叫大学入学测验，另外一次叫大学指定科目考试。大学入学测验在每年的1—2月进行，共考6科。大学入学测验成绩公布后，学生可以凭借成绩向各校院系申请入学许可。大学指定科目考试则是在每年7月初举行，指定科目考试分得较细。通常文科学生只考文科，理科学生只考理科，但也可以都考。

所以各国各地区的高校入学考试，从考试方式上看有的是实行统一考试，有的是实行自主考试，有的把统一考试和自主考试结合起来，有的没有统一考试，就是凭高中的成绩；从考试次数来看有的一年只有一次，有的一年有好多次；从考试科目来看有的是统一考试科目，有的是多科自选，也有的是统一考试跟自选考试相结合；从成绩评定来看有的是看考试分数，有的是划分等级。

四是各国大学招生方式不同。

从招生方式来看，各国大学招生的方式也不太一样。

在英国，考试成绩不是大学录取学生的唯一标准，学校的教师或者校长给学生写的推荐信对学生申请大学有重要的作用。另外，英国大学对学生个人陈述很重视，还要看你在中学的时候有什么业余活动，参加过什么校外活动，更重视个人高中阶段的表现。

法国为让各个高校提前掌握生源的情况，实行预注册，原则上所有通过高中会考的学生都可以进入大学，但是有一些专业比如医学、药学等除外，因为名额有限，这些专业一般是采取淘汰制。

加拿大各个高校都有自己的学生选拔制度，由于加拿大联邦没有专门的教育管理机构，这也造成了加拿大各地区中小学教育体制有差别，所以加拿大的大学在各地招生时录取的标准和要求也不相同。

韩国各个高校是根据各科的考试等级、学生手册、面试的成绩、专长等情况来综合招生，实行等级制以后，考生不会像过去那样因为一分或者零点几分而落榜。

巴西的高校是根据学校各自的情况选择考试方式，报考高等院校的学生只要有中等教育的毕业证书就可以。

因此，从招生方式看，很多国家录取的标准都是考试成绩和平时成绩相结合，或者是考试成绩跟面试成绩及平时情况相结合，仅以一次考试成绩录取学生的国家比较少，一般都采取综合录取的方式。

五是高等学校招生制度改革的难点。

高等学校招生制度改革的难点就在于实现社会功能和教育功能的协调。

实际上，很多国家高等学校的招生改革都存在着困惑和反复。

日本1947年开始实行全国统一考试，当时是按照成绩择优录取，但是当时这种考试包含初试、复试和档案审查，程序比较烦琐，学生的负担很重，所以社会很反对。1955年日本取消了全国统考，实行各大学单独考试、自主考试，在这样的情况下，报考二三类大学的很少，大家都争相报考一流大学，造成了一系列的社会问题，所以1979年经过调研之后又进行了改革，这次改革又在全国范围内实行统考。统一招生、统一考试、统一评卷能减轻各校负担，各校也有一定的自主权，可以根据本校的需要进行学力考试。日本开始正式实行全国统一的共同学力的一次考试的新高考制度。

韩国1945年实行的是大学自主考试选拔录取新生的制度，但这滋生了考试作弊等问题，因此这一制度于1953年被废止，取而代之的是国家联合考试与各大学单独考试并行制。由于要进行两次考试，考生承担了双重负担，所以这项制度仅实施一年就被中止，大学招生考试又恢复了以前的制度——各校自主招生考试。1955年，韩国对高校招生考试进行了改革，实行各大学单独考试与免试并行制。1962年为了解决这些问题，韩国实行了同时具备资格考试与选拔考试性能的大学入学资格国家考试制度。其中国家考试为资格考试，大学单独考试为招生考试。1964年，诸多原因致使政策再度反转，韩国又实行各大学自主考试制度，但招生超计划现象有进一步恶化的倾向，而且招生舞弊等不正之风又开始抬头。1969年，韩国再次终结各大学单独考试制度，采取国家大学入学预备考试与大学单独考试并行制。1980年7月，韩国对高校招生考试制度做出了进一步改革和完善。教育部公布了《教育正规化及消除补习热方案》，废除了各大学单独入学考试制度。1982年，韩国将大学入学预备考试改为更严格的全国统一考试。此后招生考试经过多次改革，但全国统一考试制一直实行至现在，而且日益受到重视。

联合国教科文组织对于高等教育排名的评价存在一个善用和滥用的问题，认为滥用的表现是大学排名的商业化倾向严重；政府和大学对排名的盲目追求导致大学的发展完全以排名为导向；政府依据世界大学排名一味强调本国或本地区一流大学的建设，而忽视世界一流高等教育系统的建设。国家是重视建立一个一流大学体系，还是只重视建立一流大学，这是值得我们深思的。

六是各国高考招生制度改革的新探索。

目前，各国都在继续进行高考招生制度改革的探索。

日本高考制度改革草案已经出台，2014年日本召开了中央教育审议会，会上拟定了草案，草案最快将于2021年起开始实施。现行的"大学入学中心考试"存在过分强调知识记忆等诸多问题，而将要实行的"达成度测验"更重视对应试者基础知识、基本技能及应用能力的考查。会议主要提出了以下建议：采用"学科综合型"的提问方式，横向且全面地考查应试者对多个学科知识和技能的掌握情况；设置多选题考查应试者对知识和技能的应用能力；测验每年实施两次；采用等级评价方式，不让细微的分数差异定夺学生的去留；今后将着重探讨"记述型"设问及CBT（即利用电脑出题和作答）等方式的运用。

韩国教育部于2015年出台了正式的文理科综合教育课程改革方案，并从2017年开始在中小学分阶段正式实施，其核心在于将社会课与科学课改编为综合社会课与综合科学课，以培养兼具人文与科学素养的综合型人才。在新的课程体系下，所有高中生不分文理科，且均须在高一时学习韩国语文、英语(精品课)、数学、社会、科学以及韩国历史等综合课程。其中综合社会课包括地理、一般社会、伦理、历史等，以社会学科的基本内容为核心；综合科学课则包括物理、化学、生命科学、地理等，内容难度为目前教材难度的30%。这次课程改革势必引起韩国高考的巨大变化，社会各界对此十分关注。韩国教育部指出，从2020年开始将依据新教育课程实施新的高考方案，并计划在2017年下半年出台具体方案。

美国继续支持"快速启动规划""向上跃进项目",以保障更多来自弱势群体家庭的学生享有上大学的机会。"快速启动规划"旨在为低收入家庭的学生提供系列服务,以尽早培养他们的升学意愿,做好大学入学准备,获得平等的高等教育机会。"向上跃进项目"旨在帮助处境困难而聪颖的学生完成学业并继续深造。同时,实施"高校学分革新计划",其目标是到 2016 年,在全国范围内 AP 课程(高中开设的大学先修课程)数量或选修 AP 课程的学生数量增加 50%,并为那些所在学校没有提供相关课程而去社区学院就读的学生提供资助。

澳大利亚提出要构建世界一流的职业教育体系,其目的就是弱化高等教育跟职业教育的界限,在高等教育和职业教育及培训部门之间建立更加紧密的联系,把管理统一起来,把对高等教育、职业教育和培训教育的支持和资助统一起来。

根据联合国教科文组织统计研究所 2009 年的统计显示,在有相关资料的 148 个国家和地区中,女性在高等教育学生总数中的比例超过 50% 的有 104 个,其中超过 60% 的就有 27 个,最高的比例达到 84.6%。针对女生增多的趋势,很多学校都做出相应的调整,加强贴近女生需求的职业生涯规划和求职辅导,帮助女生分析就业的优势和劣势,在教学过程中,引导教师充分考虑女生的思维方式和能力。

俄罗斯 2013 年国家统一考试出现了许多问题,一些考点在考试和阅卷过程中出现了违反国家统一考试程序的行为。国家统一考试逐渐从教育质量评价工具沦为显示政绩的方式,并伴随着诸多丑闻。为了减少考试违规行为,俄罗斯教育与科学部同俄罗斯教育科学监督局制定了一系列的措施,包括加强信息安全、减少考点、按时区发放测试材料、改变向各地区分发测试材料的路线图和组织视频监控等。且自 2014 年起,国家统一考试不再是省长工作考评的指标之一,因此俄罗斯当务之急是逐渐停止将国家统一考试成绩作为评价学校和教师工作的指标。

各个国家都针对不同的问题采取不同的方式进行改革。高等教育招生考试改革关系国计民生,关系国家的稳定,各个国家都高度关注,各个国家的问题也不尽相同。高考改革涉及政治的因素、经济的因素、文化的因素、教育的因素，而最终都是在寻求社会功能和教育功能的协调，在不同时期为应对突出的矛盾，可能要向某一个方面更多地倾斜，从而达到协调。当前，各国高考招生制度改革的总体趋向是在促进公平的前提下科学选才，大体动向是统一考试、多元评价、双向选择、自主录取、政策倾斜、加强监督。

鉴于寻求社会功能与教育功能协调的复杂性，很难形成一种理想的制度设计和政策干预，各国高考招生制度改革都还行进在路上。

(原载 2015 年 7 月 29 日京城教育圈微信号：bjeduvision)


# 学有所教，让人民满意

站在新的历史起点，教育事业肩负着新的期盼，承载着新的使命，迎接着新的挑战，也充满着新的活力。

党的十八大深刻分析了国内外复杂形势，准确把握了机遇与挑战的并存关系，着力推动了发展理论和发展方式的创新，总结了改革开放以来特别是最近十年来党领导中国改革和发展的经验，描绘了我国未来发展的宏伟蓝图。

十八大报告提出"为全面建成小康社会而奋斗"，体现了我国发展阶段的重大变化。从 20 世纪 70 年代末开始，经过数十年的艰苦努力，这一战略目标的实现已经可望可及。这一庄严承诺，既是对全国人民的巨大鼓舞，也是完成未来任务的巨大挑战。在实现全面建成小康社会这一宏伟目标的过程中，教育事业承担着极为重要的责任。

改革开放以来，特别是近十年来，我国教育事业的发展获得了历史性跨越，改革取得了突破性进展，进入了历史上最好的发展时期。党的十八大重申并进一步明确了在新时期对教育改革和发展的新的要求。

把学有所教，放在人民最关心最直接最现实的利益问题的首位。

十八大报告指出，加强社会建设，必须以保障和改善民生为重点，必须加快推进社会体制改革。报告说，这方面的重要任务包括：努力办好人民满意的教育，推动实现更高质量的就业，千方百计增加居民收入，统筹推进城乡社会保障体系建设，提高人民健康水平，加强和创新社会管理。同时报告还指出："要多谋民生之利，多解民生之忧，解决好人民最关心最直接最现实的利益问题，在学有所教、劳有所得、病有所医、老有所养、住有所居上持续取得新进展，努力让人民过上更好生活。"报告将努力办好人民满意的教育，放在保障和改善民生重要任务的第一位，又将"学有所教"放在解决好人民最关心最直接最现实的利益问题之首，不仅再一次强调了教育是民族振兴和社会进步的基石，而且从民生的视角看待教育事业的重要性，这给我们全面认识教育的地位和作用以重要的启示。

把立德树人作为教育的根本任务。十八大报告指出"要坚持教育优先发展，全面贯彻党的教育方针，坚持教育为社会主义现代化建设服务、为人民服务，把立德树人作为教育的根本任务，培养德智体美全面发展的社会主义建设者和接班人"。"立德树人"是对教育根本任务的深刻表述，既体现了教育方针的连续性，又具有教育的现实针对性。特别是强调了"立德"是教育的首要任务。在社会急剧变革的时期，我们的生活形态、生活方式、人际关系等，无不处在急速的变迁中，这些变化都对青少年的价值观念产生了很大的影响。青少年价值观念的变化是当前教育事业面临的巨大挑战。十八大报告指出"要加强社会主义核心价值体系建设"，同时指出要"全面提高公民道德素质"，教育是价值引导和价值创造的过程，教育事业的发展与改革在促进青少年核心价值观的形成，并反过来在影响社会价值认同的良性变化方面有着巨大的积极作用。这就进一步揭示了我国现代教育肩负着的重大使命——引导青少年树立正确的价值观，并且需要为此进行相应的教育变革。因此，学校必须在全部教育活动中，坚持社会主义核心价值观的导向，为培养良好的公民道德素质奠定坚实的基础。

把大力促进教育公平作为教育事业发展的基本原则。十八大报告突出了"必须坚持走共同富裕道路"这个主题，提出"实现发展成果由人民共享"，把保障社会公平摆到了更加突出的位置。指出公平正义是中国特色社会主义的内在要求，要"加紧建设对保障社会公平正义具有重大作用的制度，逐步建立以权利公平、机会公平、规则公平为主要内容的社会公平保障体系，努力营造公平的社会环境，保证人民平等参与、平等发展权利"。教育公平是社会公平的重要基础，教育制度是对保障社会公平正义具有重大作用的制度。在我国已经全面普及九年义务教育的基础上，依照十八大提出的要求，政府要进一步实现基本公共服务的均等化，目前，教育资源分布不均衡，仍然制约着我国教育整体水平的提高。所以要通过"合理配置教育资源，重点向农村、边远、贫困、民族地区倾斜，支持特殊教育，提高家庭经济困难学生资助水平，积极推动农民工子女平等接受教育，让每个孩子都能成为有用之才"。

把深化教育领域的改革作为推进教育事业全面发展的动力。我国的教育事业取得了举世瞩目的伟大成就，教育改革也不断取得新的进展，第四次全国教育工作会议的召开和《国家中长期教育改革和发展规划纲要（2010—2020年）》的颁布施行，更为教育事业的改革与发展指引了方向，指明了道路，激发了活力。但是，教育产品的有效供给与人民群众的现实需求之间仍然存在较大差距。面对实现十八大报告指出的"办好学前教育，均衡发展九年义务教育，基本普及高中阶段教育，加快发展现代职业教育，推动高等教育内涵式发展，积极发展继续教育，完善终身教育体系"的各级各类教育的发展目标，面对"全面实施素质教育，深化教育领域综合改革，着力提高教育质量，培养学生社会责任感、创新精神、实践能力"的质量要求，教育改革确实已经进入攻坚阶段。教育改革千头万绪，牵涉面广，影响大，难度也大。改革涉及诸多因素、诸多矛盾和诸多利益相关体。许多长期存在的问题还没有得到根本的解决，同时随着社会的转型和发展变化，又不断会有新的问题产生，人们也不断产生对教育的新的需求，如果不坚持深化教育改革，就无法真正做到让人民满意。

教育无小事，点滴总关情。面对新机遇、新要求、新使命，新情况、新问题、新挑战，我们要从人民群众需要的地方做起，从人民群众不满意的地方改起，以更加昂扬的精神状态、更加扎实的工作作风，推动教育事业做到学有所教，让人民更加满意！

（原载 2012 年 11 月 16 日《现代教育报》）

# 教师专业发展的新课题

加强教师队伍建设的科学研究，是新常态下迎接新挑战，深化教育综合改革，持续提高教师队伍发展水平，促进教育事业健康发展的重要环节，也是优秀教育工作者和教育家成长的动力和助力。因此，学校管理者和广大教师要认识新常态，适应新常态，迎接新挑战，努力提高专业发展水平。

增强干部和教师的法治观念，是教师专业发展的首要方向和重要内容。教师要知法懂法，增强依法治教的意识，提高依法办事的能力，积累通过法律手段解决纠纷的经验。目前许多学校管理者的法律意识和能力依然不足，很多人虽然都知法懂法，但是在处理具体事情时却往往忽略了法律的规定和要求。有些学校在面临纠纷时，由于担心家长闹到学校会影响教育教学秩序，加之有关领导也希望不要扩大影响，所以很多问题实际上就没有真正地依法解决。

为此，在学校坚持依法行政的同时，一方面，教师应该从实际出发，结合青少年的特点，采取活泼有效的形式，开展法治教育，提高法治知识课程和法治教育活动的教学质量。另一方面，学校应当通过民主程序，制定合理可行的校规、校纪，规范校园行为，增强师生的规则意识，形成学校的法治文化。

在我国，让社会主义核心价值观成为社会主流价值观，学校和教师承担着重要的责任。提高教师的道德素养，落实教育立德树人的根本任务，是教师队伍发挥主导作用的价值体现。

在复杂的国际国内环境下，各种思想理念、文化思潮相互激荡碰撞，意识形态领域的矛盾和斗争日趋复杂。各种思想舆论在网络上相互叠加，社会矛盾借助网络聚集和发酵，虚拟世界意识形态领域形势之严峻不亚于现实世界。香港《南华早报》2014年8月20日发表了一篇文章，题目是《SAT考试变化将每年影响数十万中国学生的观点、信仰和意识形态》。文章指出：从2016年起，SAT考试的考题中都将包含美国建国文献的段落，包括《美利坚合众国宪法》和《人权法案》，以及与其相关的深度阅读材料。中国学生要想在新版SAT考试中取得好成绩，就要广泛涉猎这些问题和价值体系。这意味着，美国将通过中国人最看重的考试，首次系统地影响数十万中国学生的观点、信仰和意识形态。

面对如此复杂多元的国内外形势，干部和教师要有和中国梦紧密联系的信仰、理想、道路、方向，把坚定的信念作为一种价值尺度、一种奋斗境界，不能有丝毫的怀疑、迷茫、动摇，不能有丝毫的懈怠、反复、折腾。教师在培养学生创新精神和实践能力的同时，应该重视批判性思维的培养，但培养学生批判性思维的最终目的，还是为了让学生通过比较、鉴别，得到真理性认识。因此，教师在意识形态和价值取向问题上，不应止于对多元的追求。

时代发展对学生综合素质的要求越来越高，而教师的综合能力对学生综合素质的提高起着重要的推动、引导和示范作用。我们必须将综合能力的提升作为教师专业发展的重要目标。

2015年，李克强总理提出了"互联网+"行动计划。"互联网+"改变了我们的生产、工作、生活方式，引领了创新驱动发展的新常态。"互联网+"时代需要集网络信息技术和多种业务知识技能于一身的互联网复合型人才，他们不仅具有硬技能，还具有很多软技能，包括勇于创新的精神、批判性思维能力、独立自主精神、跨界复合能力、学习适应能力、交往合作能力等。

当前，世界各国对人才的基本素质都提出了一些新的要求，而且都更加重视学生综合素质的培养。联合国教科文组织2012年可持续发展教育报告《塑造明天的教育》指出，学习包含丰富的内涵，包括学习以批判的方式提出问题，学习阐述本人的价值观，学习设想更加光明和可持续的未来，学习有条理地思考问题，学习通过实践知识来解决问题，学习探索传统和创新之间的辩证关系。美国提出的"21世纪学习框架"中包含三种能力：第一种为学习和创新能力，包括创造力、批判性思维、沟通和协作能力；第二种为信息、媒体和技术技能，涉及有效利用、管理和评估信息数字技术和通信工具；第三种为生活和职业技能，包括灵活性和适应性、自我导向、团队精神、对多样性的欣赏、问责制和领导力。新加坡最近提出了"21世纪技能和目标框架"。其核心层是"品格与道德培养"，第二层是"社交和情感技能"，最外层是"面向全球化世界的关键能力"：全球意识、跨文化技能、公民素养、批判思维和信息与通信技能。

总之，各个国家都面临着对人才素质和能力的重新界定，这必将引发教育的变革，也将对教师的专业发展提出新的挑战。比如，最近美国开始在一部分学校探索一种性格教育，即 Grit 教育。Grit 是指对长期目标的持续激情及持久耐力，是一种包含了自我激励、自我约束和自我调整的性格特征。Grit 教育认为，决定孩子成功的最重要的因素，不在于教师给孩子灌输了多少知识，而在于教师是否帮助孩子获得了以 grit 为首的七项重要的性格特质：grit（坚毅）、zest（激情）、self-control（自制力）、optimism（乐观态度）、gratitude（感恩精神）、social intelligence（社交智力）、curiosity（好奇心）。也就是说，一个6岁的孩子是否知道"3+2=5"根本不重要，重要的是在学习的过程中，他是否愿意在第一遍回答成"3+2=4"之后重新尝试，直到得出正确答案为止。

教师专业发展面临许多新的课题，加强教师专业发展的研究，拓展教师专业发展的思路和探索教师专业发展的新路径，已经成为迫切的任务。

（节选自《新常态，新挑战：探索教师专业发展的新路径》，
原载《中小学管理》2015 年第 8 期）

# 告别排浪式的教育改革

一位地区教育行政部门的负责同志对我说，她在广西党校学习时，曾到百色市田东县农村参加实践活动，亲身感受到农村小学办学之困难，尤其是教师数量不足、质量欠佳。她说，许多农村学生为了跳出农门而考大学，所以他们从高等师范院校毕业后，都不愿回到农村任教。她请我向有关方面反映一位70多岁的老人托她转达的意见。这位老人是广西民族大学1968届的学生，毕业后回到农村教书，后来当过县师范学校的副校长。这位老人认为，当初"一刀切"地将中等师范学校砍掉，过急过快，没有考虑到农村的实际情况，这是造成现在农村教师队伍窘境的一个重要原因。

取消中师，让高等学校毕业生到小学任教是为了提高教师质量，这本是件好事。但农村地区，特别是贫困地区与发达地区的情况不同。原来中师培养的学生大多到农村任教，保证了农村的师资来源，但后来形成的县县取消中师的热潮，造成近年来农村合格师资的持续短缺。

由此，我想到消费趋势的变化：在解决温饱问题的阶段，模仿型、排浪式消费曾是消费方式的主流；现在进入小康阶段，这种消费方式将逐渐被多样化、个性化的消费方式所取代。教育领域仿佛也有过这种模仿型和排浪式的改革，现在大概也到了从不同地区、不同群体的实际出发，将多样化、个性化作为改革的重要原则的时候了。

教育改革当然不完全等同于一般的消费方式的变革。教育改革常常会从模仿开始，也常常需要激发起广大群众的改革热情，掀起一股汹涌的改革热潮。但是，当改革脱离实际、排浪式推进时，我们就会违背初衷，造成不良后果，从而使这一次改革不得不成为下一次改革的对象。

这种排浪式改革的动因来自不同方面。

有的来自"一刀切"的决策惯性。法律法规是规范一切社会活动的准绳，必须严格遵守。除此之外的其他决策均应因地制宜、因时制宜，不能简单地采取"一人有病，大家吃药"的办法。我们曾经通过行政手段，推进农村学校布局调整，撤点并校一时成为风潮，结果造成部分地区学生上学困难；于是，我们又使用行政手段，不管条件是否许可，都恢复教学点，又形成一股新的风潮。我们曾经在推进示范性高中建设时，推动初高中剥离，并允许剥离后的初中进行国有民办改制，于是掀起一股改制风潮；后来有些部门认为，这会造成国有资产流失，所以，不管实验成功与否，都用行政命令一概收回，于是又掀起一股收归公办的风潮。

有的来自对教育规律缺乏尊重。我国的教育改革当然应当借鉴国外的成功经验，但应当坚持中西融合、洋为中用的原则。比如，不要不顾实际情况，将探究式教学作为最好的教学模式纷纷推广，而后又因个别地区的 PISA 成绩不错，某些国家对我国传统的教学方式有所肯定而夜郎自大。再如，在推进课程改革的过程中，加强教学研究无疑十分必要，但在某种功利目的的驱动下，许多所谓的研究变成了单纯的赛课，进而掀起一股"赛课热"，使得很多人对赛课的兴趣远远高于对常态课的重视。这些都值得我们警惕。

有的来自教育消费的从众心理。当有的家长送孩子去学外语时，不少家长就会觉得，自己若不如此，就会影响孩子未来的发展，于是在学前教育中掀起一股双语教育的风潮；后来作为对双语教育某些不良效果的抵制，不少地区又掀起了国学教育热。其实，双语教育和国学教育都无可厚非，但一旦成"风"，便很容易被异化。最为典型的当属"奥数"。它本是一种适合某些学生的很好的思维训练方式，但变成学校选拔学生的重要依据后，便变了味。在家长的助推下，"奥数热"持续升温，但最终又形成一股批判"奥数"的热潮。

这种排浪式的改革，是教育改革难以逾越的过程，但我们应尽早地告别它，努力消除它的负面影响。我们应当认真反思，总结经验教训，切实改变决策惯性，尊重教育规律，引导大众心理，使改革更加符合全面建设小康社会、建设社会主义强国、实现中国梦的需要。我想，从实际出发，注重实效，避免简单的行政命令，不搞"一刀切"，注重不同地区和群体的多样化、个性化需求，应当是一个大国推进教育改革应有的态度、气度和风度。

（原载《中小学管理》2015 年第 2 期）

# 倡导教育的"微创新"

2012 年 9 月 13 日，苹果公司发布了它的第 6 款手机 iPhone 5。与上一代产品 iPhone 4S 相比，iPhone 5 更轻薄，厚度薄了 18%，重量轻了 20%。它采用速度更快的 A6 处理器，性能是 A5 处理器的两倍，屏幕尺寸扩大到 4 英寸，应用软件的图标也比前一代增加了一行。于是，这款新手机很快就热卖起来。同时，三星公司也推出一代又一代新产品，参与到激烈的市场争夺战中。

其实，仔细观察，这些层出不穷的新产品固然有少许涉及系统的改进，但大多是满足人们使用需求和心理需求的"微创新"、小改进。据闻，三星公司就是根据多数使用者的手形，改变了手机的宽度和机键的位置，使人们用起来更方便、更舒适。所以，"微创新"也是生产力，也可以创造巨大的财富。

教育事业的发展也是如此。现在，许多老问题依然存在，新问题又不断涌现，教育管理和教育教学活动都面临严峻的挑战，改革确实进入了深水区和攻坚期。教育体制的改革、教育政策的制定需要政府的统筹规划和顶层设计，教育理论创新和教育科学研究也需要专家的引领，但所有这些都不能取代学校和教师对每天遇到的具体问题的回答。寻找解决这些具体问题的途径，同样是实实在在的教育创新。当然，它可能不够宏观，也可能一时不成体系，因此，我们也可以将其称为"微创新"。

"微创新"看起来小，但它不仅可以丰富教育科学的宝库，而且可能引发我们对教育大问题的突破性思考。所以，小中有大，小中见大。

对它的意义，我们不可低估。

学校管理者和广大教师每天所面对的问题，都是"微创新"的切入点。所以，推进学校内部的"微创新"不仅是改进学校管理、提高教育质量的动力与途径，也是推动教师专业发展的有效之路。校长和教师都应当有自己的"微创新"课题，都应该通过"微创新"科研，提高自身的专业水平。

"微创新"应当从问题出发。我们要全面分析管理工作和教学工作，找到难点、热点问题，从而有针对性地确定研究课题，将科学研究与工作实践紧密结合起来。

"微创新"应当有研究方案。我们要对研究课题进行认真调研，厘清关键点，找准切入点，确定创新点，制定包括实验方法、实验进程的方案，使研究有序进行。

"微创新"应当是学习的过程。我们要注意搜集与课题相关的资料，边学习，边研究，以学习指导研究，以研究加深理解。

"微创新"最重要的特点是高度重视实践。"微创新"大多属于应用研究和行动研究。我们要在工作领域内大胆实践，在实践中验证设想、完善方案、发现规律；要特别重视积累实验中的数据与资料。

对"微创新"应当进行成果评估，这种评估要以实效为检验的重要标准。对有成效的"微创新"成果要予以鼓励和奖励，对有较大价值的成果应当为其创造条件，进行更深入的研究，并采取适宜的方式加以推广。

现在，许多地区和学校都提出"科研兴校"，这无疑有助于提高教师的专业水平和学校的社会声誉，但不少学校只热衷于参与国家或省市级重点课题的研究，或热衷于自创一个理论体系。这并无不可，但实际上，常常由于力不从心，实际参与课题研究的人很少，且难以取得实质性进展，所以最后不得不请校外专家来帮助总结提炼、撰写论文，结题交差。结果，虽然进行了"科研"，但并没有真正"兴校"。说到底，我们的教育创新是为了促进学校面貌的真实变化和教育质量的真实提高，正如学习型组织的倡导者彼得·圣吉所言，创新就是让今天比昨天更好。从这个角度来看，"微创新"既有助于调动学校内部所有成员的积极性，又有助于实际问题的解决。我想，这是多数学校应该做而且能够做的科研。如果我们国家的教育改革能将上上下下的积极性都调动起来，将宏观研究和微观研究结合起来，那么，我们的改革必将取得更大的成效。

时不我待，在教育改革的大潮中，每所学校、每位教师都应当勇立潮头，从"微创新"起步，成为改革者、创新者。这不仅是对学校改革与发展的贡献，更是对中国教育事业改革与发展的贡献。

（原载《中小学管理》2013 年第 3 期）

# 开展"微创新"评价

《世界是平的》一书的作者弗里德曼（Thomas L. Friedman）说：我给美国的年轻人提出过三个忠告，我想，这对中国的年轻人同样适用。第一，要把自己当作移民来思考问题，保持一种饥渴的状态；第二，要像中世纪的工匠那样尊重自己的工作；第三，要把自己当作一个创业者，创业并不一定要开公司，而是要拿出好的创意。只有创意不会被计算机、机器人所取代。

他告诉我们，紧迫感、责任感与创新意识（能力）是当代青年生存与成功的重要条件。我想，这也是当代教育工作者应当具备的基本素养。

100 年前，经济学大师熊彼特（Joseph Alois Schumpeter）提出了他的创新理论，并在其后几十年间不断完善和补充。在他眼中，只有具备了相当特质的新事物才能算是创新。首先，创新是原创。其次，创新是一种革命，不是对旧事物的修修补补或改头换面。再次，创新是对旧事物的取代和毁灭。最后，创新必须创造新的价值。正因为创新被如此规定，所以熊彼特才将其视为社会变革和经济发展的根本动力。也正因为如此，有些人担心，我们倡导"微创新"会把创新庸俗化。我想，我们并不是要亵渎创新的神圣含义，更不是忽视理论与制度创新在教育事业发展中的关键作用，我们只是想破除学校和教师对创新的畏难情绪，鼓励大家积极参与创新活动。其实，所有的创新在一开始都未必那么完善，那么成体系，那么震撼人心，它更多地是从一点一滴探索起步的渐进过程。英国对创新有一个常用的定义，就是新思想的成功应用。我想，"微创新"可能就是在发现原有问题的基础上，对新方法的一种成功应用吧。

最近，北京汇佳教育科学研究院整理了印度开展教育"微创新"评价活动的情况，对我们很有启发。

STIR（Schools and Teachers Innovating for Results）教育机构是在英国威尔士注册的非营利机构，它的工作是确认、测试和评估印度学校和教师主导的"微创新"，以提高最贫困地区的教育成效。STIR 搜集并推广优质的教学活动，其创始人沙拉斯·吉万（Sharath Jeevan）认为，比起单纯的拨款，先进理念的普及更能帮助学校实现转型和发展。

STIR 相信，创新可以在任何地方进行。他们支持由草根发起的能够快速提升发展中国家城市学校教育质量的"微创新"项目，建立了一个由承诺推广 STIR "微创新"项目的非营利机构、政府部门和私营企业组成的合作者网络。STIR 确认合作者有兴趣推广的"微创新"项目，然后由合作者与 STIR 及创新者密切配合，形成"微创新"推广计划，进行有针对性的推介。

STIR 会按主题对所有学校和教师主导的"微创新"进行分类。这些主题包括："评估／追踪学生出勤率、进步和成绩""教师和校长的招聘及培训""学校日／周的安排""对教育产生影响的外部因素（如营养、健康）""女童教育""技术的使用"等。2012 年，STIR 印度德里"微创新"教育成果中就有一些很有意思的东西，如"用笑脸卡激励学生成功""教师招聘试用三阶段""巧妙利用手机中的读音法辅助学生学习""低成本而高效的课堂资源""通过宝莱坞歌曲学习诗歌""根据目标而非课本进行教学""读写能力教学三步法""用学生信箱促进学生写作""精细利用学校空间"等。

比如，"低成本而高效的课堂资源"的创新者德瓦尼克·萨哈

（Devanik Saha）在学校财政有限的情况下，使用再生材料，创造出一套可持续使用和低成本的课堂资源，来支持交互式教学。

又如，"通过宝莱坞歌曲学习诗歌"的创新者宾杜（Bindu）注意到，学生之所以在学习诗歌时有困难，可能是因为诗歌与他们的日常生活联系不起来。于是，他将流行歌曲的歌词和相关的流行文化纳入课程，作为帮助学生学习的有效载体。他帮助学生运用网络，记住与诗有关的歌词。

我想，"微创新"评价应当也是一种创新活动，它对于激发学校与教师的紧迫感、责任感、创新意识与创新能力，进而解决当前学校教育面临的种种问题会产生积极的推进作用。

（原载《中小学管理》2013 年第 7 期）

# 天地人和
——谈深化可持续发展教育

2009 年 12 月 4 日，尼泊尔总理和 22 位部长在喜马拉雅山海拔 5262 米的高度举行内阁会议，讨论全球变暖对喜马拉雅山的影响，呼吁人们切实采取行动，保护环境。马尔代夫举行水下内阁会议，警告海平面上升。秘鲁神圣冰川正在融化，威尼斯面临被淹没的危险，沙特遭遇最强的沙尘暴，气候变暖使北极冰川融化，北极熊开始同类相残，南极冰川消融加快，我国华北连年大旱，玉龙雪山不断融化，随着全球气候变暖极端气候越发频繁……这一切都告诉我们，全球气候变暖带来了诸多危险，严重威胁着人类和其他生物的生存。

联合国前秘书长科菲·安南（Kofi Annan）曾说："新世纪，我们面临的最大挑战是树立一个听起来似乎很抽象的观念——可持续发展——并将其变成全世界人民的现实。"我想，经过十几年的时间，可持续发展这一抽象概念正在逐步变成现实，可持续发展教育（Education for Sustainable Development，缩写为 ESD）还处于不断深化的过程之中。

2005 年，联合国大会宣布 2005 年至 2014 年为"可持续发展教育十年"，并启动《联合国可持续发展教育十年（2005—2014）国际实施计划》（简称《十年计划》），要求世界各国政府在这十年里把可持续发展教育融入各国的教育战略和行动计划当中。八年多来，可持续发展教育在取得重大进展的同时，也促进了我们对发展观认识的深化，对教育观认识的深化，和对教育实践认识的深化。

哥伦比亚《一周》周刊网站曾发表了一篇题为《全球可持续发展面临五大挑战》的文章。

文章称第一大挑战是城市的可持续发展。2010 年上海世博会的主题是"城市让生活更美好"。但在现实当中这实际上是一个陷入窘境的主题，城市到底能不能够使生活更美好？联合国的调查数据显示，全球将近一半的人口生活在城市，到 2030 年这一比例将提高到 60%，这一趋势在发展中国家表现得尤为明显。面对这样的趋势，城市必须提出新的解决方案，以应对城市人口增长带来的挑战。因为城市病在各大城市已经非常明显了，怎么能够在不破坏环境的前提下，确保城市的发展？这是一大挑战。

第二大挑战是海洋资源的挑战。全世界约有 30 亿人依靠与海洋有关的活动生存。气候变化、海洋运输所造成的环境污染，包括破坏性海洋捕捞和海底油气开发等在内的海洋资源过度开采，以及各种侵略性物种的出现和不断扩张的海岸线建设，都让海洋环境和海洋资源面临严峻挑战，这是对人类生存的巨大威胁。

第三大挑战是能源效率的挑战。联合国开发计划署的报告中指出，城市占据了全球 75% 的能源消费，然而各国却对寻找有效的可再生能源缺少有效的解决办法。

第四大挑战是水资源的挑战。联合国儿童基金会的数据指出，发展中国家约 11 亿人至今无法获得安全的饮用水，每年死于水污染疾病的人数远远超过了死于战争和自然灾害的人数。据统计，全世界每 20 秒就有一名儿童死于与水污染相关的疾病。很多人预测，未来战争的起因将是对水资源控制权的争夺。

第五大挑战是食品安全的挑战。我们现在已经深切地感到食品安全对人类安全的威胁，对确保食品安全基础的农业生产活动，也必须进行变革，以应对可持续增长带来的挑战。

此外，人类还面临着来自战争的巨大威胁。我们已经经历了第一次世界大战、第二次世界大战，部分地区和国家还经历了阿富汗战争、利比亚战争、英阿马岛战争、"9·11"恐怖袭击事件……这一系列活动同样威胁着人类的可持续发展。所以我们要坚持联合国教科文组织《组织法》规定的宗旨，即"通过教育、科学及文化来促进各国间之合作，对和平与安全做出贡献，以增进对正义、法治及联合国宪章所确认之世界人民不分种族、性别、语言或宗教均享人权与基本自由之普遍尊重"。

我们现在面临着诸多危机。人与自然之间产生了生态危机，人跟社会之间产生了人文危机，人跟人之间产生了道德危机，人跟自己产生了心理危机，国家和国家之间有了安全危机，文化跟文化之间有了价值观危机，这一系列问题都摆在我们面前。

1992 年联合国环境与发展会议通过了《里约宣言》，《里约宣言》是以这样的话开篇的——"人类是可持续发展的关注核心，他们有权获得一种与自然和谐共处的健康而丰富的生活"。2002 年可持续发展世界首脑会议在南非召开，通过了《可持续发展世界首脑会议实施计划》，提出了"建立一个人道的、平等的国际社会，理解人类所有关于尊严的需要"。可见，我们的可持续发展观在逐步深化，世界从原来的无序发展转向了可持续发展。

可持续发展主要是以尊重我们共同的遗产、所居住星球的方式，确保当代人和后代人生活质量的稳步提高，这是联合国提出的可持续发展理念，也就是要从过去狭义的以 GDP 发展水平为标准的发展观转到了更加广义的、以人类发展指数来评价的发展观，以使我们对发展的内涵认识有所转变，发展绝对不只是经济的增长，而是整个人类的发展。

当然，发展是人类永恒的主题，同时也是不断演变的。发展观的演变最近有一种说法，认为"发展"有三个版本，分别是：最早的"1.0版"，即我们应该爱护环境，减少浪费；随后是"2.0版"，即我们不仅要在现有的生活方式和生产方式上厉行节约和减少浪费，同时更要改进我们的生产方式和生活方式；现在进入到"3.0版"，即不仅是要一般性地改进某一些生产方式和生活方式，还应该对人类社会整体的生产体系进行系统性的改造。这应该是我们对可持续发展认识的不断深化。

可持续发展仍然要坚持发展是硬道理，因此不是不要发展，而是要追求更高的、更为持续的发展。"可持续"和"发展"之间的矛盾不容忽视。如果发展就可能破坏环境，但是保护环境又可能影响发展。很多发展中国家，特别是很多贫困国家的国民现在还处在温饱线上，如果你只给他讲要保护环境、要绿色，他可能连饭都吃不上。这种情况下，如何处理这样的矛盾？

2012年6月18日、19日举行的G20墨西哥峰会发表了一个联合声明，联合声明指出：当代人和后代人的发展和繁荣，需要我们超越眼前的经济危机，我们承认让经济增长、环境保护和社会包容互补的重要性。不是单纯强调经济增长，也不是单纯强调环境保护和社会包容，而是看到这三者的互补性。因此，我们的未来取决于包括在可持续发展和消除贫困背景下的绿色增长。包容性绿色增长不应该被保护主义借来用以反对增长，我们不是不要增长，而是要实现一种包容性的绿色增长。

2012年5月9日在韩国首尔召开的全球绿色增长峰会上，世界银行发布了《包容性绿色增长：可持续发展之路》的报告，指出绿色增长并非是大多数国家负担不起的奢侈品，相反，绿色增长是必要的、高效率的、负担得起的。实现绿色增长就是要确保地球上的自然资产能够充分提供人类所依赖的资源和环境服务，使资源能够更好地为人的发展服务。

1998年，联合国教科文组织提出了"环境、人口与可持续发展教育项目"，即EPD项目，后演变成"可持续发展教育项目"，即ESD项目。

可持续发展教育，强调教育要服务于人和社会的可持续发展。这是可持续发展教育的基本理念，就是将抽象概念现实化，途径就是通过发展个人和社会为可持续发展提供相应的工作能力。因此，教育就是为了人类的可持续发展。这应该成为教育的最终目标，而不仅仅是教育的一项内容。

可持续发展教育的核心就是价值观教育。它有着广泛的教育内容，不仅强调关注自然生态环境，同时强调关注社会、经济和文化，有着更为具体的教育功能，要通过教育培养未来所需要的价值观、科学知识、学习能力和生活方式。概括起来就是，教育为了可持续发展。

可持续发展教育的基本理念就是，要改变人类的生存方式，就必须从基础做起，即以通过教育形成人的可持续发展的认识和能力为起点。从长远看，最终解决可持续发展问题最有效的武器就是教育，是培养一代高素质的、具有可持续发展思想与能力的公民。这里的公民既包括决策者也包括我们所有人。

要把可持续发展教育作为素质教育的一项重要内容。《国家中长期教育改革和发展规划纲要（2010—2020 年)》在"战略主题"部分明确提出"要重视可持续发展教育"，同时在实践过程中我们还推出了两个重点：一是可持续发展教育促进环境保护和资源节约，二是可持续发展教育促进国际理解。前者重点在于处理好人和自然的关系，后者重点在于处理好人和人的关系；前者是为了拯救地球，后者是为了维护和平。

要以可持续发展教育促进教育方式的变革。目前可持续发展教育已经开始渗透到国家课程建设和实施、校园环境建设、校园文化建设以及学校各类教育教学活动之中。可持续发展教育是把可持续发展的理念、知识和能力作为教育的重点，通过优化知识结构、丰富社会实践、强化能力培养，着力提高学生的学习能力、实践能力、创新能力，教育学生学会知识技能，学会动手动脑，学会生存生活，学会做人做事，促进学生主动适应社会，开创美好的未来。

要坚持可持续发展教育的正确导向。通过可持续发展教育不断推进观念的转变，因为可持续发展教育的核心是价值观教育，而可持续发展价值观的核心是"四个尊重"，即尊重人（包括当代人和后代人)、尊重差异和多样性、尊重环境、尊重地球上的资源。同时不断推进情感的培养，要使可持续发展变为一种情感，一旦看到破坏环境和多元文化，情感上就有所反应。

坚持可持续发展教育的正确导向还需要坚持可持续发展的宗旨，防止功能异化。

中国代表团赴埃及开罗参加联合国教科文组织世界联合会执行委员会会议的时候，通过当地居民了解到开罗的困惑。开罗有一片贫民区，而这片贫民区同时也是一项世界文化遗产。贫民区里面的居民生活条件很艰苦，但是每年却有上千万世界各地的游客前来参观，使贫民区成了富人们旅游的地方。因此，开罗人很困惑，如何将世界文化遗产的保护与提高人民生活水平结合起来，这是一个难题。

我们也有困惑。我们的文化遗产现在变成了旅游胜地，而且游客量异常大。为什么很多地方政府愿意斥巨资来申遗？就是因为申遗成功后意味着将会带来巨大的旅游收益，而迎来大量游客的同时，不少世界文化遗产也遭受了巨大的破坏。

2008 年北京奥运会的口号是"同一个世界　同一个梦想"。我们很高兴这个口号能够被许多国家所接受。近日我参加了蒙古国乌兰巴托的东亚地区儿童艺术节，艺术节也采用了同样的口号。因此我想，可持续发展应该成为我们在"同一个世界"生活的每一个人的"同一个梦想"，这实际上体现的是中国文化的精髓，就是北宋理学家程颢提出的"仁者，浑然与物同体"。孟子就讲过"仰不愧于天，俯不怍于人"才是真正的君子。真正的君子应该既对得起自然，又对得起人类。中国一直在讲"天地人和"，"天地人和"就是可持续发展的中国化阐释。

(2012 年 9 月 19 日在中国可持续发展教育第 11 次国家讲习班上的讲话摘要，原载 2012 年 10 月 8 日《北京青年报》)

# 可持续发展教育十年
## ——成果、挑战及发展方向

亚太可持续发展教育中心的成立对于推进亚太地区的可持续发展教育和推进中国的可持续发展教育都有着重大意义。

可持续发展教育，一开始，人们对如何将这个概念翻译成中文就有不同的看法。因为可持续发展教育 (ESD) 我们既可以解读为将可持续发展注入教育当中去，作为教育的一项内容，也可以解读为教育是为了实现可持续发展。前者突出了可持续发展是教育的内容，而后者强调的是可持续发展就是教育的目的，也就是说当今世界所有国家的教育都是为了人类的可持续发展。

我想我们把可持续发展理解为教育的目的恐怕更有意义。原因就在于我们现在所处的这个世界，确实存在着许多的危机，而这些危机都威胁着人类的可持续发展。人类能不能够持续地生存与发展、如何持续地生存与发展等问题已经摆在了我们的面前。

十年前联合国教科文组织制订了《联合国可持续发展教育十年（2005—2014）国际实施计划》，是很有远见的。十年来，可持续发展教育在三个方面取得了重大进展。

首先，可持续发展的理念总体上得到了更广泛的认同，从而明确了新的发展方向。联合国以及联合国教科文组织这些国际机构首先认同了可持续发展这一理念，各个国家的政府也几乎都把它作为自己国家的发展战略之一。尤其中国更是旗帜鲜明地提出了"生态文明建设"，并且把它作为国家重要的发展战略。

其次，提倡可持续发展教育在改变经济发展方式和人民生活方式方面发挥了重要作用。各个国家的经济发展已经不再单纯追求 GDP 的增长，对经济发展的评价也更全面。特别重要的是，各国在考虑到经济的发展的同时，也考虑到对自然环境的保护，对资源的节约，以及对社会公平的影响。与此同时，人们的生活方式也开始发生改变。特别是通过这十年的可持续发展教育，生活方式的改变在孩子们的身上表现得更加明显。另外，与可持续发展相关领域的技术发展也十分迅速，不管是环境保护，还是能源节约，方方面面都有新成果。这个新的可持续发展的产业变革成为第三次工业革命的重要标志。

最后，可持续发展教育对学校教育的改变产生了很大的影响。一方面是注入了可持续发展教育的内容，另一方面也推动了可持续发展教育方式的转变。对于如何将学习方式与学习内容统一起来，以便更好地适应现代社会的需求，教育界给予了更多的关注。

经过这十年，可持续发展教育取得了很大进展，但是世界是不是比十年前更安宁，人们是不是比十年前更有安全感了，现在很难讲。我们现在面临的许多问题，有的可能更严重了。比如，环境恶化造成的自然灾害的频发，能源紧张所引发的国际纠纷，还有土壤、水污染造成的人的饮水和食物安全事故的多发，国与国之间由于领土问题或者其他原因所产生的各种纠纷，等等。

这样的背景就更使我们感到加强可持续发展教育的重要性。因为可持续发展教育最后培养出来的人，不仅是未来的普通公民，而且包括各类精英人才，也包括未来政府的领导者和决策者。他们具有什么样的理念，对未来的世界会有很大的影响。

此后，我们就将迎来一个新的十年——可持续发展教育的新的十年。

首先，需要加强理论研究。比如，可持续发展教育面对新的形势具有哪些新的特点、哪些新的要求；目前如何能够促成应对大气变暖和环境恶化的国际合作；我们既要强调全球的伦理观念，但是又不能把个别国家的价值观作为普世价值来强行推广；等等。这些都需要做深入研究。

其次，应该加强宣传。通过多种宣传工具来进行可持续发展教育的宣传还有待进一步加强。因为在同一份报纸上，可能在这个版面上讲要节约，而在另外一个版面上是大量的奢侈品广告，报纸自身就很难把观念统一起来。因此，宣传工作必须加强，除了学校教育之外，还要通过媒体、各种社会活动来进行广泛宣传。

再次，需要加强实践。我们需要更多的教育实践，并对各个国家和地区的实践经验进行总结。在对教育实践进行总结的基础上，再进行新的探索，从而使可持续发展教育能够呈现出更加生动的形态。

最后，应该加强交流。各国有各国的特点，但是可持续发展理念把我们聚拢到一起，共同为人类的可持续发展服务。因此我们更应该把彼此的经验汇聚起来。在全球化的今天，用可持续发展理念来统一我们的认识是很必要的。所以从这个角度来看，亚太可持续发展教育研究中心的成立就很有前瞻性。作为一个研究中心，它对加强研究、加强宣传、加强实践、加强交流，都可以发挥很大的作用。

我衷心地祝愿研究中心能够不断取得新的研究成果，并且对中国乃至世界的可持续发展教育起到推进作用。

(2014 年 5 月 20 日在联合国教科文组织亚太可持续发展教育专家会议暨亚太可持续发展教育中心揭牌仪式闭幕式上的讲话)

# 推进生态文明建设，深化可持续发展教育

中国共产党第十八次全国代表大会明确提出了加强生态文明建设的问题，推进生态文明建设实际就是在深化可持续发展教育，同时也体现了中国可持续发展教育的特点。恩格斯曾经说过：我们不要过分陶醉于人类对自然界的胜利。对于每一次这样的胜利，自然界都对我们进行报复。

历史上曾经发生过的最严重的空气污染事件有两个：一个是洛杉矶光化学污染事件，20 世纪 40 年代初发生于美国洛杉矶。光化学烟雾是大量碳氢化合物在阳光作用下形成的，它使得 400 多名 65 岁以上老人死于 1952 年 12 月的一次光化学烟雾事件。1955 年短短 2 天的大气污染又造成 400 多名老人死亡，因此 20 世纪 70 年代美国洛杉矶被叫作烟雾城。另一个较为严重的空气污染事件发生在 1952 年的英国伦敦。1952 年 12 月 5 日，伦敦泰晤士河河谷地带上空有一个大型移动性的高压脊，使伦敦处于高压中心，同时，生活和工业排放的煤烟粉尘在无风状态下蓄积不散，所以那一天能见度特别低，因此被称为"黑暗的星期日"，而与之伴随的就是疾病暴发。仅仅 4 天就造成了 4000 多人死亡，两个月以后又有 8000 多人陆续丧生。这就是"伦敦雾"事件。近年来，我国京津冀、长三角、珠三角等地区的雾霾天气日渐增多。据专家分析，我国近年来出现的雾霾实际上是伦敦烟雾和洛杉矶光化学

烟雾的混合体，再加上中国特色的沙尘气溶胶所形成的，而粗放式排污和自然生态破坏是造成这种天气的根本原因。

目前，我国城市空气质量预报有三个主要指标：总悬浮颗粒物，即PM100或者直径小于等于100微米的颗粒物；可吸入颗粒物，即PM10或者直径大于2.5微米而小于10微米的颗粒物；可入肺颗粒物，即直径小于或等于2.5微米的颗粒物，也就是常说的PM2.5。随着大气污染的日趋严重，PM2.5已经成为预测空气污染程度的重要指标。PM2.5主要来自化石燃料的燃烧，由于其含有重金属等有毒物质，且能够进入呼吸道，所以危险性很高。研究发现，PM2.5和心血管病、呼吸道疾病的死亡率之间存在因果关系。世界卫生组织认为每立方米的PM2.5含量小于10微克才是安全范围，因此世界卫生组织给各国提出了严格的安全标准，并在此基础上制定了三个不同的阶段性标准。但不管是同世界卫生组织还是世界其他国家相比，我国关于PM2.5的设定标准都较低。

随着我国以雾霾为代表的大气污染程度的加剧，李克强总理指出：我国中东部地区大范围长时间出现的雾霾天气既有自然因素，更有生产方式粗放的因素。它再一次警示，粗放式经济增长方式不能再继续下去了，我们生产、建设、消费不能以破坏生态为代价，落后的生产方式要坚决淘汰、必须淘汰，同时过度的消费方式要坚决摒弃。我们一方面要加大执法力度，另一方面要公开、透明，向公众公开PM2.5数据，提醒公众要加强自我防护，更要树立全民意识，促进全民参与和共同治理。因此在这种背景下，我们首先需要增强生态危机意识，也就是要充分认识生态文明建设的重要性、必要性和紧迫性。

近年来，应该说生态文明建设已经取得了很大进展，但是经济发展也面临着越来越突出的问题：一是自然资源制约；二是环境污染日趋严重；三是生态系统退化加剧。

问题产生的原因是什么？客观原因是我国人口众多且资源短缺。另一个重要原因是我国经济发展速度较快，发达国家几百年逐步显露出来的问题，在我国压缩在几十年中集中出现。当然，最根本的原因还是在于我国经济发展的方式没有根本的转变，生态文明的理念没有牢固树立，生态不文明的做法还非常普遍。所以从源头上、从根本上跨过资源环境这道坎，不仅要加快转变经济发展方式，同时必须大力推进生态文明建设。

生态文明是人类文明的高级形态，人类从原始文明、农业文明、工业文明发展至今，应该进入生态文明的发展阶段。原始文明阶段人类经历了一百万年以上，这一阶段人类的生存基本是依靠自然、被动接受和适应自然，因此对自然没有造成破坏。农业文明历时几千年时间，虽然由于生产力的提高，人类活动已经对自然造成一定伤害，但是由于伤害程度较小，自然界完全可以完成自我修复。工业文明虽然只有几百年历史，但却是一个人类征服自然、改造自然的阶段，人类活动对自然造成的伤害和破坏已经超出了自然界的自我修复能力。因此，生态文明阶段应该是工业文明发展到一定阶段的必然产物，是超越工业文明的一个新的文明境界，是在对工业文明带来的严重生态安全进行深刻反思的基础上形成的。生态文明社会是正在被大力推动的文明形态，是一个人类与自然和谐共处的社会形态。生态文明建设的提出，实际上是人类对自然规律及人与自然关系的再认识。

党的十八大将生态文明建设作为"五位一体"的重要组成部分提出来，并明确了要树立尊重自然、顺应自然、保护自然的生态文明建设的核心理念。所谓尊重自然，就是在整个经济发展过程中，不仅要注重遵循经济规律，更要注重尊重自然规律。在尊重环境承载能力的前提下，对自然资源进行合理的保护和利用。

建设生态文明的基本途径，就是要坚持绿色发展、循环发展、低碳发展，这是推进生态文明建设的基本途径和方式。这和转变经济发展方式的任务是一致的。我们以此来从源头上根本扭转生态环境恶化的趋势，为人民创造一个良好的生产、生活环境，努力建设美丽中国，实现中国梦。我们讲的中国梦，实际上是国家梦、民族梦、个人梦的统一，因为它是为中华民族的永续发展，为我们广大人民生活得更美好、更幸福，同时也是为全球的生态安全做的更大贡献。

中国当前推进生态文明建设，实际上就是可持续发展教育的深化。我们要继续执行《联合国可持续发展教育十年（2005—2014）国际实施计划》，并且加强同亚太以及世界其他国家和地区的教育交流，深化可持续发展教育。推动联合国教科文组织牵头的可持续发展教育旨在促进全球教育的变革，使每一个人都有机会获得可持续发展未来所需要的价值观、素养、技能和知识。

联合国教科文组织最近推出一项"气候变化教师培训网络课程"，这是近年来推出的首个关于气候变化的教师培训网络课程。因为实现教育改革，首先需要解决教师的问题。联合国教科文组织推出的这套创新性的培训软件通过为期六天的系列项目的教学，使广大参与教师能够对气候变化的起因以及后果有清晰的认识，从而增强教师们实施气候变化教育的自信和能力，实现气候变化教育与日常教学实践的融合。联合国教科文组织总干事伊琳娜·博科娃指出：世界各国都有许多积极倡导可持续发展教育的社会组织，他们中的大部分是年轻人和教师。教育是建设我们想要的美好未来的一剂良方，而联合国教科文组织计划实施的"可持续发展气候变化教育项目"正是着手于制造"教育"这剂良方。因为联合国教科文组织始终认为解决可持续发展问题最根本的途径是教育。

近年来，美国开始启动"绿带学校"项目，该项目是美国教育部、环境保护署和白宫环境质量委员会共同启动的，旨在激励 K-12 学校追求更加健康、更加可持续的学习环境，并对学校的环境素养做出认证。通过评估并获得"绿带学校"称号，意味着该校既有合格的校园环境，又有具备良好环境素养的学校成员。"绿带学校"项目有助于创造健康的学习场所，也将促进学校教授环境素养方面的知识。

英国伦敦帝国理工学院研究小组开展的一项实验发现，要想使更多人参与到环境保护的活动中来，最有效的办法或许是从教育好小学生做起。实验结果显示，家中的学龄儿童从课堂和兴趣小组所学到的水资源稀缺、湿地保护等一系列知识，不仅可以传播给父母，而且能够切实地改变成年人的日常行为。就是所谓的"小手拉大手"，让小手去拉着大手来培养其正确的环保行为。实验表明，事实上成年人从孩子身上学到了诸多知识，并通过孩子的引导和示范形成自己正确的行为方式，虽然成年人对此往往没有意识，但成效却是很明显的。实验也表明，从学校教育开始重视可持续发展理念和能力的培养是十分重要的。

因此，面对建设生态文明的要求，学校教育需要努力完成的第一项工作就是要把生态文明的理念贯穿于学科教学的全过程。实践证明，"人定胜天"只是一句豪迈的口号，要生存不仅要保护自然，还要尊重自然、顺应自然，过去我们对自然索取得太多、破坏得太重，现在需要给自然以修复、疗伤的机会。这种生态文明的理念成为新的价值追求，学科教学应当成为生态文明理念的宣传载体，培养具有生态理念的公民。现在，我们的教学是不是都如此呢？是不是已经实现了以生态文明理念为基础来制定相关的课程标准，编写相关教材并开展相应的教学活动呢？不一定都是这样的，所以学校教学贯彻生态文明建设需要以课程为切入点开展研究。

面对建设生态文明的要求，学校教育需要努力完成的第二项工作应该是创建体现生态文明的校园文化。在学校，校园文化是学校价值观的体现，要把生态文明作为学校的重要价值观来指导教学，同时把它理解为学校的任务，把它贯穿于学校的精神文化、物质文化、制度文化、行为文化中，并以此来推进学校的文化建设、环境建设和教学改革。

第三项重点工作就是要培养节约优先、保护优先的行为习惯，学会自我保护和帮助别人。这可能是摆在我们面前的最紧迫的任务。学校通过开展可持续发展教育涌现出来的成果已经很多，但在国内甚至在国外，中国同胞的种种不文明行为依旧层出不穷，引起国内外很多对于国人形象的负面看法，所以2012年国家有关部门共同提出要开展"重塑国人形象"的行动。我想重塑国人形象大概就要从培养节约优先、保护优先等行为习惯开始，同时每个人要学会自我保护，也要学会保护别人。良好的个人习惯形成了，不仅有利于个人的自主发展和自我超越，还有利于形成良好的群体习惯，并在群体活动当中形成共同的价值观念，最终形成全社会的良好风气，促进社会的和谐发展。所以，所有对学生良好习惯的培养都是对未来社会的贡献。

最后我想说，地球自身是不需要保护的，需要保护的是人类自己。保护地球就是保护人类自己。学校教育应当为生态文明建设、为人类的可持续发展做出应有的贡献。

（原载《中国可持续发展教育》2012 年第 6 期）

# 第二辑
# 好望角以北的教育

在深化教育改革之际，我们进一步拓宽自己的教育视野无疑是十分必要的。但要注意的是，在全球化的今天，教育的开放应是全方位的，而不应是定向的。所以，我们在注目远方的同时，也应当关注近邻……

当学校教育能够吸引城市的孩子回归农村的时候，也一定是城镇化和农村现代化高度发展的时候。

# 提高教育国际化水平

在辽宁省有一所朝鲜族的农村小学，它的办学条件并不好，但是这所小学院墙上贴着中国 56 个民族的孩子穿着民族服装的图片、世界各国际组织的图标、世界各国的国旗，并且把各国国旗都做成小卡片，让孩子辨认，听说包括学前班、幼儿园的孩子也在认。我去参观的时候问校长，孩子到 5 岁有一个大遗忘期，5 岁以前的孩子记这么多国旗，有什么用？校长讲了一句话让我很感动。校长说，虽然他们大了以后不一定能够记住这个国旗是哪个国家的，但是因为我们是一个偏僻的朝鲜族村落，我们应该让孩子们从小就知道，朝鲜族是中国 56 个民族当中的一个，中国是世界大家庭当中的一员，我们是在培养世界公民。

所以，教育国际化不是富有家庭子女、条件良好学校的专利，所有的学校都可以为培养国际化人才做出自己的一份努力。

我国在《国家中长期教育改革和发展规划纲要（2010—2020年）》中已经明确提出，要将提高教育的国际化水平作为今后十年的一个重要目标。

中国推进教育国际化的主要背景，首先是增强综合国力，参与国际竞争，促进世界和平的需要，其次是适应培养具有全球化视野和国际交往能力的人才的需要，再次是适应借鉴国际教育理念与实践，推进教育改革，提升中国教育品质的需要，最后是适应加强国际交流，促进中华优秀文化传播的需要。当然还有适应群众多样化教育选择的需要。所以中国教育需要提升国际化水平。

为了提高中国的教育国际化水平，应该重视五个问题的研究：第一，把握世界教育发展的态势；第二，借鉴国外的课程和课程体系；第三，促进中外合作办学；第四，加强中外学生之间的交流；第五，加强国际理解教育。

第一，要把握世界教育发展的态势。当前世界各国教育改革的具体指向虽然不同，但是其价值追求大致是一致的。一是追求教育公平，一是追求教育质量。而为了推进以质量为核心的教育公平，关键在于加强教师队伍建设。所以各国教育改革基本上朝着一个方向，为了有更公平的、更高的质量而加强教师队伍建设。

当代世界各国的教育改革，呈现这样的特点：一是政府主导。因为教育涉及许多的利益相关体，而协调这些相关体之间的关系，如果不由政府出面进行高层设计的话，自下而上很难推动整个教育制度的变革。二是问题引领。各国是从自己存在的教育问题出发，提出教育改革的目标，因此各国提出的教育改革目标的指向有的时候是不同的，甚至是相反的。三是推进艰难。因为教育改革涉及的方面太多，涉及不同的利益群体、不同的教育理念、不同的教育诉求，因此在推进方面困难较多。

由于各国的经济发展水平不同，教育的文化背景不同，教育创新的追求不同，创新跟继承的张力关系就形成"多样化"这一当代教育改革特点，虽然价值追求大致相同，但是各国具体的改革指向并不相同。

最近引起很多人关注的话题就充分体现了这一特点。比如《虎妈战歌》，大家以此对东西方的家庭教育进行了比较；比如中国上海参加了 PISA 评估，取得了比较好的成绩，有的人也以此对东西方教育进行比较；比如目前中国实行统一的课程标准，一些人认为国家统一实行课程标准不适合不同地区的情况，应该改变，而美国原来各州有各州自己的标准，但是美国又公布了"共同核心州立标准"的最终定稿，意味着将来有可能有更多的州逐步向着统一标准的方向发展；比如中国基础教育正在努力减少教学内容，降低教学难度，以提高学生的全面素质，但是日本自 2011 年开始，小学实行新的课程改革方案，2012 年初中实行新的课程改革方案，增加了课时，加大了难度；比如中国正在试图使学生掌握更加广博的知识，打下更为宽厚的素质基础，扩大学生学习内容的范围，而法国公布了共同基础法令，用法令界定基础教育应该打好的共同基础，他们认为如果在基础教育领域里加进的东西太多，最后基础反而打不好，应该界定基础教育应该完成和能够完成的任务。这些都说明，世界各国都在进行教育创新，而各国教育在创新过程中，相互之间有许多可借鉴之处，可以就许多共同关注的问题进行探讨。这是教育国际化的重要任务，即把握国际教育的态势，通过批判、持续交流的对话来相互借鉴。

第二，要借鉴国外的课程与课程体系。东西方的课程理念是有差异的，因此相互借鉴有助于提高自身的教育质量。目前中国部分学校引进的国际课程主要有三种类型：一种是国际组织开发的课程，像IB①、PGA②；一种是国际性的考试课程，像A-LEVEL③、ACT；还有一种是国别课程，像美国的AP④课程、SAT考试，以及其他国家的一些课程。国际课程本来是为了学生随着家长流动而能够连续学习，但是目前中国引进的国际课程相当程度上是为了给学生到国外去学习提供一个通道。目前借鉴国际课程的理念与实践来推进中国教育改革，主要是为促进中国的人才培养模式创新，因为国外的一些教育理念可以给我们提供很多的借鉴，当然中国的一些教育理念和教育方法，也同样可以给其他国家提供借鉴，所以我们既要注重本土课程的国际化，也要注重国际课程的本土化。

第三，要促进中外合作办学。中外教育合作有两种类型，一是合作办学，一是举办合作项目。合作办学，比如说宁波诺丁汉大学、西交利物浦大学、上海纽约大学，这些都是中外合办的一些大学。像北京中加学校，这是中国和加拿大合作办的中学。这种合作办学可以把国外的教育理念和教育模式直接拉到我们身边，有助于提高我国教育的国际化水平。

第四，要加强中外学生之间的交流。这种学生交流有多种形式，当然最基本的形式是留学。在提高国际化教育水平的政策指导之下，我们出国留学的学生数量不断增加。在教育国际化进程中，也有很多

① IB，International Baccalaureate Diploma Programme，国际预科证书课程，简称IB课程。

② PGA，Project of Global Access，是一种国际课程体系。

③ A-LEVEL，General Certificate of Education Advanced Level，英国高中课程。

④ AP，Advanced Placement，美国大学预修课程。

外国人到中国留学。也就是说，教育国际化在推进过程中是有进有出的。我们既要增加出国留学的学生数量，也要增加外国学生到中国留学的数量。根据《留学中国计划》的目标，到 2020 年，我们要争取在华学习的外国留学生能够达到 50 万人，建成亚洲最大的留学目的地国。同时，我们也鼓励海外办学，在国外，孔子学院的举办是宣传中华文化的重要形式，并且也着实取得了显著的成效。

第五，也是最重要的一点，就是要加强国际理解教育。要扩大学生的国际视野，就需要加强国际理解教育。国际理解教育指的是培养具有多元文化之间相互尊重、相互吸纳的精神与能力的世界公民，来促进世界的持续和谐发展。联合国教科文组织提出的可持续发展，包括很重要的两个方面，一方面是人和自然的关系要处理好，另一方面是人和人的关系要处理好。国际理解教育是可持续发展教育的重要内容。国际理解教育的基点就是加强多元文化之间的了解、沟通、尊重、吸纳。因为任何一个民族的文化都是在保持本民族文化传统的同时，不断吸纳外民族的文化而逐步发展起来的。国际理解教育的最终目的是让中国了解世界，同时也让世界了解中国。

任何一所学校的教育资源，任何一个地区的教育资源，任何一个国家的教育资源都是有限的，所以要想发展教育事业，必须树立资源意识，也就是要从其他学校、地区、国家借助并整合各种资源，包括世界各国所有可以利用和借用的资源。教育国际化实际上就是要借助更多的资源使我们的教育事业发展得更快，所以我们应当坚持教育的开放性，不断加快提高教育国际化水平的步伐。

（原载新华网 2012 年 5 月 30 日"新华教育"栏目）

# 一个难题，两种策略
## ——评美国《每一个学生都成功法》

奥巴马在 2013 年连任总统后的演说中重申了实现机会平等的承诺。他说："如果一个生在赤贫之家的小女孩知道她和别人拥有同样的成功机会，因为她是美国人，她是自由的、平等的，不仅在上帝眼中，也在我们自己眼中，这时就表明我们忠于了自己的信条。"但是时隔 5 天，诺贝尔经济学奖得主、哥伦比亚大学教授、世界银行前首席经济学家约瑟夫·斯蒂格利茨（Joseph Stiglitz）就写了一篇文章发表在《纽约时报》上，题目是《平等的机会，美国的神话》。文章指出：理想与现实差距大，"美国是机会之地"的说法不过是个神话。而机会不平等最重要的原因在于教育不平等，教育不平等又体现在质和量两方面。

事实的确如此，美国的基础教育无法保证教育质量的公平，这一直是历届政府面临的难题。低收入家庭的学生、有色人种学生、残障学生，以及移民学生，都无法接受保证质量的教育，这不仅扩大了美国的贫富差距，而且已经严重影响到美国的经济发展和社会稳定。

因此，从 1983 年美国高质量教育委员会提出《国家处在危险之中：教育改革势在必行》的报告，1985 年《普及科学——美国 2061 计划》出台，1991 年老布什总统签署《美国 2000 年教育战略》，1994 年克林顿总统签署《美国教育改革法》，直至 2002 年小布什政府推出《不让一个孩子掉队法》（No Child Left Behind Act，简称 NCLB），都是试图解决美国中小学教育质量低下的问题。当然，这也是美国总统竞选和政党斗争的重要话题。

小布什在得克萨斯任州长时，就开始规定采用标准测试来检查学生的学习效果，并以此对学校进行奖惩，取得了较好的效果。因此，他将改进中小学教育作为总统竞选的一个中心内容，赢得了不少选民的支持。当选后，他签署了《不让一个孩子掉队法》，这成为他的主要政绩之一。2008 年，在他任期最后一年的国情咨文演讲中，他说："6 年前，我们共同通过了《不让一个孩子掉队法》，今天，它的成果无可否认。去年，四年级和八年级学生的数学分数达到最高纪录，阅读成绩正在提高，非洲裔和拉丁裔学生的成绩达到历史最高水平。《不让一个孩子掉队法》是民主党和共和党的共同成就，它正在取得成功。我们有责任为美国儿童、他们的父母和他们的老师践行这一良好的法律。"

不可否认，这一法案推进的改革对提高美国基础教育质量起到了一定的作用，但是从法律通过到执行过程中，就一直存在争议。在小布什总统下台后，这种争议就更加激烈。美国教育部前部长助理、著名教育史学家戴安·拉维奇（Diane Ravith）本是改革的倡导者和策划者，但在她出版的《美国学校体制的生与死：论考试和择校对教育的侵蚀》一书中，她却对教育改革提出了尖锐的批评。她对改革的观念基础、考试、问责制和特许学校等进行了反思，指出《不让一个孩子掉队法》并未让不达标学校的学生及其家长享受到相关福利，导致应试教学挤压了非考试科目的教学；标准化考试，从检测学习的一种途径变成了目的本身；特许学校，平均而言对学生成绩的提高并不比普通学校强，且使公立学校生源和资源外流；教学责任制，没有提高学业标准，很多州反而通过降低标准来掩人耳目，将教师工资与学生考试分数挂钩是"对教师的迫害"。戴安·拉维奇的倒戈引起了很大震动，该书也成为 2010 年全美畅销书。2013—2014 学年，奥巴马政府开始采取"免除"政策，陆续接受各州放弃执行《不让一个孩子掉队法》的申请，允许其执行本州教育发展计划，到后来美国已有 43 个州和华盛顿特区以及波多黎各自治邦的申请获得批准。这些地区的教育改革可以不受《不让一个孩子掉队法》的束缚。特别是 2007 年，美国国会首次寻求对《不让一个孩子掉队法》进行修改，并于 2011 年、2012 年和 2013 年连续三次酝酿修改。

终于，2015 年 11 月 19 日美国众议院和参议院协商委员会达成一致协议，形成了《每一个学生都成功法》（Every Student Succeeds Act，简称 ESSA）。12 月 10 日，奥巴马正式签署了这一法案，取代了《不让一个孩子掉队法》。这个法案一般被认为是保守派的胜利，因为保守派一直认为原法案放大了联邦权力，违反地方自治的宪法原则。同时，很多民主党人被教师工会游说，也反对原法案中给教师带来较大压力的部分。

尽管新的法案有重大变动并据说将载入史册，但它并不是目标的改变，而只是策略的改变。新的法案肯定并且延续了旧法案确立的目标，即解决美国中小学教育质量低下的问题。同时，仍然以学业成绩作为质量监测的主要标准，以考试作为质量监测的主要方式，继续实行问责制。

当然，新法从名称上看体现出更为积极的信号，以缓解各州、学校和教师的压力。许多专家指出《每一个学生都成功法》针对旧法执行过程中出现的问题、社会各界包括学校和教师的强烈反感，以及传统政治体制格局的矛盾做出了修改。其中最重要的改动在于：管理由集权回归分权。教育管理集权化是当前各国改革的共同趋势，但美国《不让一个孩子掉队法》的改革将过去以州管理为主改为实行联邦集权，结果没有取得预期的效果。新法将教育的控制权还给了各州和地方学区，下放了权力。这一改变引发了提高教育质量的一系列策略的调整。

质量标准的调整——由划一转向自主。《不让一个孩子掉队法》以全美校长理事会等组织 2009 年提出的共同核心标准为共同的衡量标准，来统一全国的质量标准。但执行起来很不顺利，新法允许各州接受共同核心标准，但没有要求各州必须这样做。

监测方式的调整——由统一转向灵活。《不让一个孩子掉队法》规定了各州必须进行考试的学科、年级和次数，导致学校以应试为目的，学生负担过重，家长反应强烈。新法虽然认为各州必须进行考试，但在如何和何时进行考试方面各州具有灵活性。同时，有别于过去单纯以考试成绩作为衡量学校绩效的依据，新法强调利用多种方法来评估学校绩效。

问责制度的调整——由严责转向激励。由于《不让一个孩子掉队法》硬性规定了不切实际的目标，即 2014 年前实现学生在数学和阅读上达到 100% 通过率，而实际上又无法实现，导致越来越多的学校被贴上了"失败"的标签，从而极大地挫伤了校长和教师等一线教育工作者的积极性。新法规定将问责的标准完全归还于各州，各州和地方学区有权为了其基于实际的学校改善而构建有力的问责制度。

《每一个学生都成功法》还有两点值得关注：一是强化了学前教育的部分。正如民主党的默瑞（Murray）议员所说：这是联邦教育法案第一次承认了早期学习的重要性，并提出了奖励计划。奖励计划将从既有财源中拨款，帮助各州提升学前教育品质。二是关注学生理科特别是信息技术教育。理科教育的重要性在新法案中没有减弱，反而增加了一些新的内容。对于教育要向理科倾斜，美国共和与民主两党是有共识的，这应该与美国的"新工业化"发展趋势有关。新法案涉及的理科教育主要包括：旧法案中对于州统考必须包括数学和自然科学的要求不变；州政府制定的教学目标中数学、自然科学作为核心科目不变，同时加入计算机科学作为新的核心科目。设立"理科教学大师团"，目的是鼓励优秀理科教师；稳定优秀师资，特别是在落后学校；对其他教师起到示范作用。白宫具体公布的执行计划中提到要用 4 年向 1 万个模范理科教师提供最多每人每年 2 万美元的额外津贴作为鼓励。同时，还包括定向资助地方教育机构的有利于提高理科教育水平和学生参与度的项目。

在签署《每一个学生都成功法》时，奥巴马说："有时改革就是需要你试一下，发现行不通，于是你得到一些教训，再做调整。"NCLB是影响全美的一项重大改革，ESSA 是对前一次改革的又一次重大改革。后一次改革总是针对前一次改革存在的问题进行的，因此，会有一些暂时的效果。但由于理念未变，只是改变了策略，改革是否能够解决根本的问题，还需时日检验。正如当年戴安·拉维奇提出的质疑：要改进教育就必须回到教育本身，形成好的教育观念，重视课程质量，建立公平的评价体系，引进、培养和留住好教师，形成一个学校与社会的关联系统。她强调，教育没有捷径可走，只有像早年那样，用扎实的知识和正确的价值观来培养学生的思想和心灵，才是教育的本质。

（原载《华东师范大学学报（教育科学版）》2016 年第 2 期）

# 从一次世界性比赛想到的

前不久，我在纽约联合国总部参加了一次颁奖仪式。这是在联合国教科文组织协会世界联合会的支持下，由美国联合国教科文组织协会主办的一次有各国青年参加的比赛。比赛的题目是——如果做一件事情能让世界改变，那么你将做什么？比赛要求选手从问题出发，提出建设性目标，并拿出具体的实施方案。这当然是一个没有固定答案的比赛。在几个月的时间里，各国青年广泛参与，专家最终评选出五个最佳方案，联合国的高级官员为获奖者颁奖。

会后，我分别与这五位获奖者进行了交流。一位菲律宾的得奖青年关注的是在贫困地区普及教育的问题。他专门设计了一种书包，书包内分别放置学习需要的所有书本和用具，他想让每个穷孩子都能背上这种书包上学。一位印度的得奖青年关注的是节约水资源的问题，他设计了一套节约生活用水以及循环利用水的设施。一位意大利的得奖青年关注的是食物消耗的问题，他不仅就食物浪费的问题进行了调查，而且通过精心设计，力图找到多方面减少食物浪费的途径。一位印度尼西亚的得奖青年关注的是农村文化建设的问题，他设计了一种农村图书馆，试图改善农村的文化环境。一位巴基斯坦的获奖女孩研究的是女性自由出行的问题，由于宗教等因素，在一些国家和地区，女性独自出行受到严格限制，因此，她提出制定促进女性自由出行的法案，以保障性别平等的人权。

从与他们的谈话中，我有两点突出的感受：一是他们都有强烈的改变世界的愿望。他们既对现实存在的影响人类可持续发展的问题给予高度关注，体现了人文精神，又提出了实实在在的解决问题的方案，体现了科学态度。二是他们充满了创新的激情与智慧。他们不拘泥于习以为常的现状，勇于突破传统的思维模式，寻求解决问题的新思路。

由此，我联想到我们国内经常举行的各种比赛。我们固然也有一些对创新能力的考量，但更多关注的是知识的掌握，包括知识的广度和深度。在电视等媒体上，我们可以饶有兴趣地看到比赛认识汉字的多少、掌握成语的多少、背诵诗词的多少，以及一些综合性的知识问答，但答案基本上都是唯一的。许多青少年记忆力之强、知识面之广令人惊叹。我想，这也许正反映了我国基础教育的特点，即把知识的获取作为学习的主要任务，并将获取知识的水平作为评价学生的重要标准。正是因为这种取向，我们的学生在应对各种认知性考试时显示出明显的优势。而从上述世界性的比赛中我们可以看出，西方教育更看重运用所学知识解决问题能力的培养，并且将创造性作为评价学生的重要尺度。获取知识和运用知识都是重要的，看来，东西方教育各有优势，相互学习、相互借鉴会有助于各自教育改革的深化。

与中国驻纽约总领事馆一位教育官员的交谈，更加深了我对这种差异的感受。他的孩子在纽约一所学校读三年级，他说，学校留的课外作业大部分都不是重复练习式的，如让孩子编一本介绍中国的书，孩子要自己设计封面、编目录，自己从网上查阅有关中国经济、文化、教育等方面的资料并进行编写，还要有绘画部分，如画出中国的十二生肖或者其他具有中国特色的形象等，最后装订成册。这位官员说，孩子虽然要为编这本书付出很多劳动，但这个过程却充满乐趣，充满自豪。

这又使我从另一个侧面思考学生课业负担过重的问题。比如，作业的意义和作用取决于作业的内容，而非单纯的量的多少和占用时间的多少。如上述注重培养创造精神与实践能力的作业，对孩子们来说不仅不是负担，反而会成为一种愉快的享受。

我国的课程改革已到了进一步深化的关键时期。课程标准固然涉及体系、内容和具体要求等，但核心理念仍然是关键。长期以来，我国以知识授受为主要任务的教学观根深蒂固，虽然近年来有所动摇，但在不少地方仍然支配着常态教学活动，且渗透在社会的各个领域，包括媒体举办的各种活动。理念主导着行为，而行为又体现甚至固化着理念，所以，当我们在某些教学领域展现出一定优势时，绝不能轻视带有片面性的传统理念的顽固性。离开根本理念的转变谈创新人才的培养是难以取得成效的。所以，把人文精神和科学态度紧密结合起来，把获取知识和运用知识紧密结合起来，真正做到学思结合、知行统一，仍然是摆在我们面前的一项艰巨任务。

（原载《中小学管理》2014 年第 6 期）

# 好望角以北的教育

在南非共和国考察时，我们参观了非洲克鲁格国家公园动物保护区附近亨廷顿村社区的马兹尼扬·普雷学校。该校实际上是接收 1 岁半至 6 岁孩子入学的幼儿园，入园的是附近 4 个村的上甘族学生。学校地处偏远农村，居民以上甘族的黑人为主，玉米是他们主要的生活来源。这里至今还保存着不少传统的民族习俗，甚至还有专职的巫师为人占卜、治病。

南非的学前教育是非义务教育，政府不举办幼儿园，但会为民办幼儿教育机构提供一定的资助。这所幼儿园由一位举办者投资，另有几家企业赞助，因此要收一点学费，每月大约 30 兰特，约合 20 多元人民币，对于家庭确实困难的学生，可以免收学费。幼儿园现有 323 个孩子，17 个工作人员，其中有包括校长在内的 9 位教师，还有保安和勤杂工。校长是位青年男性，有教师资格证书，但目前还在研习班教育专业进修。

孩子每天早上 7 点至 8 点到校，上午 8 点至下午 2 点上课。中间有一小时休息，有早、午两餐和两点，其中一次是喝橘汁。下午 2 点至 3 点家长接孩子回家。由于地处偏远农村，所以幼儿园的园舍虽然还算整洁，但设施十分简陋，除院子里有几件大型玩具外，教室里空荡荡的。这与我们后来参观的城市地区的学校相比，差距很大。

开普敦是南非南部最繁华的城市，旅游业十分发达，好望角就在开普敦南端。在开普敦，我们参观了两所中学，一所是公立女中，一所是私立男中（南非中学有相当一部分是男女分校）。这两所学校的校舍都很美观，特别是那所在开普敦最好的私立男中，犹如花园一般，绿树成荫，绿草如茵，教室掩映其中。这所学校地处富人区，学生毕业后大部分到国外上大学。这里的学费很贵，学生每学期除食宿费用外，至少还要缴 10 万兰特以上的学费。

在南非访问期间，我们既看到了绵延 15 公里的极其简陋的贫民窟，也看到了富人区极为豪华的建筑群，由此也就不难理解，学生受教育的条件为何有如此巨大的差别。

南非的义务教育覆盖的年龄从 7 岁到 18 岁。7 岁至 13 岁为小学，14 岁至 18 岁为中学，也就是高中。基础教育分四种类型：公立学校完全免费，但校服等费用由学生家长负担；公私合办的学校，学生需要缴一部分学费；私立学校收费较高；还有一种是家庭教育，就是由家长请教师到家里来教。不准备上大学的学生，在 16 岁接受完九年义务教育后，可以申请不再续读，去接受职业培训或者参加工作。

南非基础教育无论是公立学校还是私立学校，原则上都按居住地就近入学。入学有考试，同等分数下优先录取就近入学者，但华人入学时，考试分数通常要高出 80 分甚至 100 分才能被录取。不少高中都有不同的选修班级，如英语班、荷兰语班等，所以有些华人学生会先选录取分数相对较低的荷兰语班，入学一年后，再申请改入英语班。

由于实行就近入学制度，所以南非出现了与中国某些地区一样的特殊现象——在优质学校的服务范围内，有许多所谓的"学区房"。当孩子即将入学，特别是即将上中学时，家长就想办法购买优质学校附近的"学区房"，以使孩子接受更好的教育。等孩子毕业后，家长再把"学区房"卖给另外的求购者。这样，"学区房"不仅不愁销路，往往还能增值。看来，这是不少国家的家长应对学校差距较大而又实行就近入学制度的通行做法。

南非基础教育阶段的学生课业负担较轻。小学下午一两点钟放学，中学下午三四点钟放学。南非不是分课时组织教学，而常常是半天学一门课，中午休息一个多小时。所以，学生课外自主安排活动的时间很多，不存在"减负"问题。当然，学校之间教育质量差距过大是他们面临的一个难题。

（原载《中小学管理》2013 年第 2 期）

# 意大利的艺术高中

这座虽不华美但不失典雅的古老建筑，坐落在意大利著名的音乐之都、普契尼（Giacomo Puccini）的故乡卢卡市的中心，它就是吉普索泰卡"奥古斯托·帕萨利亚"（GIPSOTECA "Augusto Passaglia"），一所艺术高中。

一进校门，门厅和走廊都陈列着古代希腊、罗马的石雕，墙壁上展示着学生的绘画作品和设计模型，立刻让人感受到浓厚的艺术氛围。

这所学校创办于17世纪，是以一位著名的工艺师的名字命名的，现在是一所公立高中，有四个校区。学校设有音乐、绘画、设计、建筑等专业，有300多名学生，但仅教师就有140多位，再加上其他工作人员，教职工有近300人。由于意大利的人口出生率在下降，高中普遍面临生源不足的问题，所以学校大都实行小班化教学，每班20人左右。

意大利实行13年免费义务教育，学制是"五·三·五"，也就是五年小学、三年初中、五年高中。学生初中毕业后，可根据个人意愿选择到哪所高中就读。从小学到高中，学生都不必缴学费，高中只需每年缴80欧元的注册费，生活困难的学生可以只缴30欧元。学生即使是在艺术高中就读，其学习用具也主要由学校提供，只是绘图用的颜料需要学生自己准备。

意大利的高中有以学生考大学为目标的文科、理科高中，也有各种专业类的高中，艺术高中就是其中一种。所有高中都没有入学考试，全凭学生个人志愿选择就读。

艺术高中在一、二年级不分专业，只上公共课。课程除了意大利语、英语、世界史、数学、科技知识外，还有艺术类的公共课，如艺术史等。学生从三年级开始，按个人意愿选择专业。

学校的培养目标是让毕业的学生既可以通过全国统考升入大学，也可以成为一名技艺水平较高的专业技术人员。因此，学校对学生的要求很严格，学生不仅基本功要扎实，而且要有艺术创造力。设计专业的学生在高中五年级时，都要独立完成一项设计。我们翻阅了学生的设计档案，每个学生都要先写小论文，然后设计并画出单体花卉图案，最后拼成一幅完整的设计图。学生完成的作业真是精美至极。建筑专业的学生不仅要学习现代彩绘技艺，而且要掌握历代有代表性的技术。我们去参观的时候，学生正在学习中世纪的贴金方法。

走进图书馆，一位设计专业的学生正在查资料、做作业。管理员兴致勃勃地向我们介绍说，图书馆藏书5000多册，都是艺术类的精品书籍。我问她有没有介绍中国艺术的书籍，她遗憾地说："没有。"我甚觉失落。看来，中华民族优秀的文化艺术真正成为西方学校教育的内容尚需时日。

目前，意大利由于受到金融危机的影响，一般的大学毕业生就业都比较困难，有的只能到企业去做合同工，拿低工资，一年后，企业主常常不给转正，这些合同工只好继续拿很低的工资，这种工资在欧洲连维持基本生活都很困难。但艺术高中的毕业生却很抢手。一位教师自豪地对我们说："我们培养的都是能工巧匠。"

这不禁使我想起2013年2月13日奥巴马的国情咨文演讲。在谈及教育时，他着重提出要改变高中教育的职能，以确保获得高中学历的学生能够走上一条拥有好工作的道路。他说："我提出一个新的挑战，即重新设计美国的高中，以使这些学校的毕业生能更好地满足高科技背景下经济、社会发展的需求；我们将奖励与新雇主建立伙伴关系的高中——学生所学的技能是当今和未来的雇主正在寻找的。"

现在，德国也开始加大对高中生技术学位等方面的投入，德国的孩子们在高中毕业前就做好了参加工作的准备。

在丹麦，一个人高中毕业已经完全具备参加工作的能力。所以，相当一部分人在高中毕业后就开始工作；工作一段时间后，再根据自己的需要或者兴趣，到大学进修相应的专业，或者参加相关专业的培训。这样，学用结合，学以致用。在那里，学习不再只是为了获得一张文凭。由此可见，怎样定位高中教育的功能是许多国家都在思考的问题，不少国家的经验和教训，都为我们提供了可贵的借鉴。

（原载《中小学管理》2013年第5期）

# 俄罗斯教育一瞥

一位中国驻俄罗斯大使馆负责教育工作的同志对我说，他曾经向在中国留过学的俄罗斯学生提出过一个问题：你们觉得中国和俄罗斯学生有什么不同？ 他们回答说：俄罗斯的学生在上大学的时候都已经清楚自己将来想做什么，而中国的学生多数还没有明确的想法。

2014 年 10 月，我赴俄罗斯参加了在莫斯科举行的中俄关心下一代健康成长座谈会，参观了高等学校、专业学院和中小学校，与有关方面进行了交流，特别是听取了我国使馆教育官员对俄罗斯基础教育的介绍，才了解到产生上述结果的重要原因是：俄罗斯教育为学生自主发展、自主选择提供了广阔的空间。

我的初步印象是，俄罗斯教育中有三条通道引导学生发展自己的职业倾向，选择自己的职业道路。

一是完善的学校课程体系。除语文、数学两门基础课程以外，学生还可以学习和选择多门学科课程。高等学校招生考试与高中毕业考试统一进行，除语文和数学两门必考科目以外，学生还可以根据自己所报专业的要求，在十余个学科中选择自己的考试科目。这就充分发挥了课程及考试在引导学生选择未来专业发展方向等方面的作用。

二是健全的校外教育体制。俄罗斯有着与学校教育相辅相成的校外教育体制，有大约相当于学校总量 1/5 的校外教育机构，校外教育与学校教育构成一个有机的整体。校外教育同样由政府举办，有少年宫，也有包括科学、文学、艺术、体育在内的多种门类的校外教育机构。学生自愿参加，全部免费。在俄罗斯，大约 70% 的学生会在下午三点放学以后和周末到校外教育机构学习，以使自己的兴趣、特长得到充分的发展。

三是广泛开展学科奥林匹克竞赛。在俄罗斯，从地区到全国，层层开展多种学科的奥林匹克竞赛，竞赛获奖的优秀学生可以免试升入高等学校。他们认为，学科奥赛既是学生展现才华的平台，也是培养优秀人才的摇篮。现在，俄罗斯有全国性奥林匹克竞赛的学科已达 24 个。

仅此一端，就已显示出俄罗斯教育理念和实践的特点。我想，我们不应中断对近邻教育事业的关注。尽管中俄国情不同，但他们的做法却可以给我们提供新的思考角度，为我们的教育改革注入富有活力的新血液。

新中国成立以来，在相当长的一段时间内，我们的教育都深受苏联教育的影响。我们曾试图以苏联的模式来改造旧教育，创建新的社会主义教育体系。

应当说，苏联的教育理论和实践确实推动了新中国成立初期教育事业的变革与发展。加里宁、克鲁普斯卡娅等教育家关于教育的论述，影响着中国教育工作的理念；由行业举办为主的高等学校、中等专业学校和技工学校，促进了适应社会主义工业化对人才需求的教育结构的调整；在凯洛夫教育学指导下的"五段教学法"的推行，规范了课堂教学模式，提高了课堂教学质量；以学生发展过程为主要依据，而非简单地以平均成绩为依据的"五计分"评价方法，激励学生不断进取；马卡连柯的《教育诗》和高尔基工学团，使我国的工读教育有了良好的开端……改革开放以来，苏联教育家的有关理论依然影响着我国教育事业的发展，如赞可夫的著作《教学与发展》以及他的发展教育学理论、巴班斯基的教学过程最优化理论、苏霍姆林斯基的《给教师的一百条建议》等，都发挥了积极的作用。

但是，总体来看，由于我国在社会主义市场经济体制建立过程中更为关注西方国家的经验，越来越多的教育工作者到西方国家考察、学习，因此，引进西方教育理论、借鉴西方教育实践，成为我国教育改革的主流。同时，比较教育研究的重点也转向欧美国家，一时间，大有将苏联和俄罗斯的教育与我国旧的教育体制联系在一起，列入陈旧与落后行列之势。

在深化教育改革之际，我们进一步拓宽自己的教育视野无疑是十分必要的。但要注意的是，在全球化的今天，教育的开放应是全方位的，而不应是定向的。所以，我们在注目远方的同时，也应当关注近邻，比如俄罗斯教育。

（原载《中小学管理》2014 年第 11 期）

# 韩国济州农村学校印象

我们很想借在济州参加韩国教科文组织协会全国代表大会之机，了解一下韩国农村教育的实际状况。于是，一方面，我们参观了由韩方安排的一所农村学校；另一方面，我们自行乘出租车，请司机把我们带往农村，并且在所有经过的学校停下来，进行"暗访"。

韩方安排我们参观的湿青学校是一所位于偏远地区的农村学校，该地区以农业和渔业为主。我们到达学校时，全体五、六年级的学生穿着当地的民族服装欢迎我们，他们高举的标语牌上用汉字写着"农者天下之大本"；校园里的石碑上刻着四个大字"昼耕夜读"。这种高扬农耕文化的传统在我国农村的校园里已经很难见到了。

由于湿青村人口很少，所以湿青学校只有65名小学生、35名初中生，村里没有高中。虽然学校规模不大，但两所独立学校的建设却令我们惊叹。校舍现代化程度很高，校园整齐、美观，图书和教学设备充足；班额很小，多则十几人，少则几人，但教室宽敞明亮，不仅有电化教学设备，而且每间教室都配有饮水池和洗手池，甚至还有简易的厨具；走廊里摆放着一个个开满鲜花的花盆和精美的盆景，这是全校学生的作品；小学和初中都有独立的操场，有250米跑道、足球场、篮球场以及其他体育设施。

韩国在重视传承民族文化的同时，也很重视多元文化的传播，这是我们过去就知道的，但在农村学校能够做到这种程度，却是我们始料未及的。那天可能由于有许多外国朋友参观，所以不少班级都在上多元文化课。我们看到，小学有的班在学习俄罗斯、印度、哈萨克斯坦、蒙古等国的文化，初中有的班在学习中国和日本的文化。教师在课堂上不是枯燥地介绍这些国家，而是非常生动活泼地从某种文化特色切入，从而引起学生极大的兴趣。比如，一个班在讲印度饮食与韩国饮食的差异时，教师当堂即请学生们用印度的调味品做一道菜；一个班在讲俄罗斯的套娃时，教师不仅当堂展示实物，而且还介绍它的制作方法，并请每位学生从画图开始，动手制作套娃；一个班在介绍中国的服装时，教师请男孩子穿上对襟上衣，女孩子穿上旗袍，孩子们跑过来和我们一起拍了不少照片。

学校的师生比很高，仅教学人员，小学就有 15 位，初中有 9 位。从一些细节上，我们大致就可以了解他们的教学理念和教学方式。比如，学校的校训和每个班的班级口号，大都脱不开这三个词："爱""快乐""梦想"；班级的黑板或者墙报上，大都有每个同学的"梦"——对自己未来的期望；课堂教学氛围轻松、和谐；在一个教室的墙上还展示着七八位学生所做的思维导图。

说实话，我真不太相信偏远地区的农村学校能达到这样的办学水平。于是第二天，在会议间隙，我们乘出租车，在没有韩国朋友陪伴的情况下，自行探访农村学校。我们要求司机将车开往真正的农村，请他遇见农村学校就停下来。这是一个周末，学校放假。我们所到的学校有的规模稍大，有的比湿青学校还小，但无一例外，校园都很美，设施都很好，有的甚至比湿青学校还好。很多小学都附设学前班，但学前班都有独立的游戏场所。司机说，私立幼儿园比较贵，公立学校附设的幼儿园，多是由志愿者参与举办的，所以收费很低。而在不同的地点、不同的校园，我们能反复看到的，就是墙上写着的"爱""快乐""梦想"。

后来，我们从我国驻济州总领事馆的工作人员那里了解到，由于济州经济原本比较落后，韩国政府对济州教育事业的发展给予了很大的支持，所以目前济州教育事业进步很大，水平不断提高。由于济州岛的气候和自然环境都很好，所以现在已经有首尔的家长，希望济州的农村办寄宿制学校，他们愿意把孩子送到这里来学习。

当然，一个不容忽视的事实是，济州教育现代化水平与济州经济和社会的现代化水平是同步的。在那里，学校的房子当然很好，但绝不只是"最好的房子是学校"。因此我想，当学校教育能够吸引城市的孩子回归农村的时候，也一定是城镇化和农村现代化高度发展的时候。

（原载《中小学管理》2015 年第 1 期）

# 第三辑 坐看云起时

　　"行到水穷处，坐看云起时"是唐代诗人王维留下的千古名句。在"云时代"来临之际，我们恰好处在"云起时"，只不过不同的人看待这一现象的角度不一定相同罢了。

　　互联网时代的来临对教育的冲击呈风起云涌之势，各国纷纷探讨应对策略。

我想，教育信息化的潮流不可阻挡。我们要用发展来解决发展中的问题；应当从理念、技术、方法层面，逐步研究、探索，解决已有的问题，兴利除弊。

# 坐看云起时

"行到水穷处，坐看云起时"是唐代诗人王维留下的千古名句。在"云时代"来临之际，我们恰好处在"云起时"，只不过不同的人看待这一现象的角度不一定相同罢了。

互联网时代的来临对教育的冲击呈风起云涌之势，各国纷纷探讨应对策略。美国总统奥巴马在 2014 年的国情咨文演讲中说："我呼吁在未来四年里实现 99% 的学校能够接入宽带。今天我宣布，我们已经获得了联邦通讯委员会和苹果、微软、斯普林特、威瑞森电信等公司的支持，在不增加一点财政赤字的情况下，在未来两年内让 15000 余所学校和 2000 多万学生用上宽带。"韩国提出："国民中学英语、科学、社会三科将使用电子教科书。"日本通讯部已于 2010 年 10 月开始在小学实施电子课本试用计划，为实验校的每个学生配备一台平板电脑，同时在教室安装互动式黑板。这一计划的目标是：到 2015 年，为日本每个中小学生配备电子课本。如果成功的话，那么日本的中小学教育模式将会发生前所未有的变革。法国在《共和国学校重建导向与规划法》中特别提出，让教师、学生和家长能够轻松地在网络上找到自己需要的教育资源和软件……就连 OECD 进行的 PISA 测试，也在 2012 年增加了基于计算机的问题解决的测评。2012 年，在有 65 个国家（地区）参加的 PISA 数学、阅读和科学领域的测评中，上海获得三个领域的第一。此次测试还随机抽取了约 1/3 的学生，参加了 OECD 首次尝试的用计算机进行问题解决的测评（共涉及 44 个国家或地区，2372 名上海学生被随机抽取参加测试）。上海的成绩稍逊于新加坡、韩国、日本，以及中国澳门和中国香港。

现在，我国许多地区和学校也在积极进行相关的探索。除高等教育的慕课纷纷亮相、培训教育的投资方向大幅度转向线上教育之外，基础教育进行的相关实验也成为推进教育现代化的首选内容。

在云起之时，有关教育信息化的争论也随之而起。其焦点有三：一是"引发"与"引领"之争，二是工具与模式之争，三是利与弊之争。

线上教育进入学校究竟可能"引发"教育的变革，还是已经"引领"了教育的变革？有人认为，时不我待，信息化将"引领"教育改革；也有人认为，教育改革的关键不在于信息技术的应用，而在于教育观念的转变。仅以 2012 年 PISA 基于计算机的问题解决的测评结果为例，上海存在的问题之一是学生解决静态问题的能力比解决互动问题的能力好，获取知识的表现比运用知识的表现好。这实际上反映了我国教育思想存在的问题。美国《华尔街日报》2014 年 7 月 11 日的报道也认为，中国教育信息化步伐迟缓的一个原因在于中国的教育制度。中国教育重视考试，因此，对互动学习的需求远不及美国。这样看来，信息化只能成为改革的催化剂。

信息技术的应用是像比尔·盖茨预言的那样，将最终改变学校教育的模式直至形态，还是最终只能成为一种辅助工具？有人认为，信息技术的应用正在促成教育模式甚至教育形态的改变。如翻转课堂的实验，"微课"的快速发展，学习分析的应用，"游戏化学习"的产生，特别是慕课的爆发，等等，都预示着学校教育将发生根本性的变革。但也有人认为，ICT[①] 与网络教育给教育带来了巨大的空间和机会，但它仍然属于 CAI[②]，并不能完全取代已有的教育教学模式和教学方法。

教育信息化究竟利大，还是弊大？大家的看法也不尽相同。有人强调它有助于自主学习、及时反馈、有效指导、交流互动、资源共享、培养创新性思维、加快学生社会化进程。但也有人指出，已有实践证明，信息化会影响学生的视力健康、人际交流、社会实践、完整阅读，进而延缓学生的社会化进程。英国讲师协会近期向公众提出警告，长期沉迷 iPad 等智能电子产品，甚至会导致多数婴幼儿不会拼积木；众多儿童因此严重缺乏最基本的动手能力和社交能力；同时，使用通过屏幕来获取知识的高科技产品，还会严重影响孩子的记忆力。我国卫生

---

① ICT 是信息、通信和技术三个英文单词的首字母组合，Information Communications Technology，简称 ICT。

② CAI 即 Computer Aided Instruction，计算机辅助教学之意，简称 CAI。

部第四次儿童体格发育调查显示，超重和肥胖发生率以 9%—10% 的速度快速增长；在并不遥远的未来，网络新生代将变成网络肥胖一代。

于是，我又想起了另一位唐代诗人贾岛的名句："松下问童子，言师采药去，只在此山中，云深不知处。"在"云时代"来临时，大家有些"云深不知处"的感叹也很自然。

我想，教育信息化的潮流不可阻挡。我们要用发展来解决发展中的问题；应当从理念、技术、方法层面，逐步研究、探索，解决已有的问题，兴利除弊。总之，我们应当牢记习近平同志所言："我们必须增强忧患意识，紧紧抓住和用好新一轮科技革命和产业变革的机遇，不能等待、不能观望、不能懈怠。"

（原载《中小学管理》2014 年第 10 期）

# 迎接教育信息化的挑战

2011 年 7 月，北京市朝阳区白家庄小学启动了平板电脑进课堂的实验，先是将平板电脑引入到国家课程的教学中，后来在国家、地方、校本三级课程的教学中进行拓展实验。

上英语课时，学生可以根据自己的需求和水平，自行调整阅读进度，不会读时，可以利用平板电脑的播放功能，随时听原声朗读；学生还可以戴着耳机，边读边录，然后点击原声进行对比，自我校正。上美术摄影课时，教师讲解如何构图后，学生拿着平板电脑走进校园，拍摄自己喜欢的景物；在接下来的语文写作课上，学生为自己拍的照片配上文字；然后在音乐课上，选择自己喜欢的乐曲，为图文配乐。最后展现在孩子们面前的是一个多元、立体、生动、完整的自创作品。

平板电脑采用无线网络连接，在课堂上，学生可以随时将自己的学习成果投放到大屏幕上，与大家分享、交流，这大大提高了师生、生生互动的效率。平板电脑操作简单，触控灵活，学生易掌握。实验发现，从未接触过平板电脑的学生只需经过一两个课时的培训，就可以熟练地进行操作。

实验学校的初步感受是：平板电脑进入课堂，让学生有了更多自主选择的机会，促进了个性化学习；它直观、生动，可以有效地激发学生的学习兴趣；它便于将学生的原有认知水平与学习后的水平进行对比；它有利于学生调动多感官参与学习，提高学习效率。

当然，这只是初步实验的成果。至于如何恰当地发挥平板电脑在教学中的作用、如何防止孩子沉迷于电脑游戏中不能自拔、如何关注孩子的社会交往、如何保护学生的视力健康等问题，都有待于我们通过进一步的实验加以研究。但不管怎样，平板电脑进课堂，无疑是信息技术在教学中应用的一大进步。

新媒体联盟、学习网络联合会、国际教育技术联合会发布的《新媒体联盟地平线报告（2012 基础教育版）》提出，今后，将有六项技术进入到教学、学习和创造性探究的主流应用中，包括近期发展的移动设备及其应用程序、平板电脑；中期发展的基于游戏的学习、个人学习环境（支持个人正规和非正规学习的各种学习工具和资源的总和）；远期发展的增强现实（以超越现实的感官体验，给学习者感知实境信息的能力）、自然用户界面（计算机对人的手势、身体动作、面部表情、声音、语音及其他环境提示给予响应，代替鼠标和键盘开展的人际和人机互动）等。

报告提出，基础教育信息化发展的核心趋势是：教育范式正在向在线学习、混合学习和协作学习模式转型；任何学习者都可以凭借网络，获得丰富的信息资源和广泛的人际互动交流的机会，这促使我们对教育者自身所承担的角色进行新的思考；学校将开始重新审议并制定网络开放政策，学生带机上学正逐渐成为事实；富有挑战性的主动学习将成为课堂教学新的重点。

报告也指出，基础教育信息化发展面对重大挑战。比如，教师使用数字媒体的基本能力尚显不足；基础教育必须面对日益出现的正规学习与非正规学习方式的互补与融合；现有技术和教学实践还不能更好地为个性化学习提供充分支持；学校体制障碍以及传统的教育观念制约着新技术的应用。

目前，不少学校尚处在视信息移动设备和平板电脑为敌的阶段，认为这些既影响学生学习，也影响其身心健康。我想，大家的担忧不无道理，但新技术的发展和应用是挡不住的，孩子们对这种学习形式的喜爱也是挡不住的。我们在"除其弊"的同时，必须致力于"兴其利"。

印度 2012 年 11 月发布了一款名为"Aakash 2"的七英寸平板电脑，出售给学生的政府补贴价仅为 1130 卢比（约合 20 美元），号称全球最便宜的平板电脑。目前，印度已有 250 所高校的 1.5 万名教师接受了将这种平板电脑应用于课堂教学的培训。

美国一项针对初中学生的最新调查显示，39% 的学生在家里用智能手机做作业，31% 的学生用电脑做作业（其中 65% 用笔记本电脑）。调查报告说，"这些中学生用移动电子设备的目的超出了娱乐范畴。他们是伴随着技术发展成长起来的一代"。

教育信息化是教育现代化的重要标志之一，其核心是教学过程的信息化。教学过程的信息化就是要在教学过程的关键环节中，较全面地运用现代信息技术，实现教学手段信息化、教学方式现代化。

我国的教育信息化起步并不晚，现在是到对教育信息化的发展路径进行再思考的时候了。我想，除了宏观政策需要研究外，对任何教学实践中的探讨，我们都应给予支持和鼓励。

（原载《中小学管理》2013 年第 4 期）

# 未来科技与未来教育

我们生活在一个科技快速发展的世界中。2000 年，人类刚跨入新世纪的门槛，美国国家科学基金会和美国商务部即共同资助了一项重要的研究计划，目的是弄清楚哪些学科将成为 21 世纪的带头学科。70

余位一流科学家研究的最终结论是：聚合科技将引领新世纪的发展。

聚合科技主要包括纳米技术（Nanotechnology）、生物技术（Biotechnology）、信息技术（Information Technology）和认知科学（Cognitive Science）（这四大科技的英文首字母合在一起即 NBIC）。这四个领域被公认为 21 世纪最前沿的技术，每个领域都蕴藏着巨大的潜力，而这些技术的两两融合、三种汇聚或四者集成，都将产生难以估量的效能。聚合科技可能会从根本上改变人类的生存能力、生存状态，甚至改变人类物种进化的方向。比如，日本提出，到 2020 年，他们制造出来的机器人的智能将可以达到考入东京大学的水平。

科技的发展必然会推动产业变革。美国经济学家杰里米·里夫金在其专著中提出"第三次工业革命"的概念。第一次工业革命创造了"蒸汽时代"；第二次工业革命将人类带入"电气时代"；现在，第三次工业革命已经到来。

第三次工业革命将改变我们的经济发展方式。比如，由大规模生产转向大规模定制，实现设计与制造的一体化；又如，产业组织的网络化，知识型员工成为核心竞争资源；等等。

与此相应，我们也要研究教育的未来变革问题。

2011 年 9 月，美国教育部部长邓肯再次提出了与著名的"乔布斯之问"大致相同的问题：为什么在教育领域信息技术的投入很大，却没有产生像在生产和流通领域那样的效果？他认为，是因为信息技术还没有动摇整个教育原有的业态，没有触动教育原有的模式，教育还没有发生结构性的改变。

在此背景下，信息技术在教育领域中的应用成为当代教学改革的热点问题之一。关于这一问题，世界上三个权威研究机构——新媒体联盟、学习网络联合会、国际教育技术联合会每年都要联合发布一份地平线报告，以预测未来什么样的信息技术将进入教育以及其他领域。

《新媒体联盟地平线报告（2013 基础教育版）》预测：（1）在近期发展阶段（即未来 12 个月内），"云计算"和"移动学习"这两种既有联系又各具特色的技术将进入主流应用阶段。（2）在中期发展阶段（即未来两至三年内），"学习分析"和"开放内容"将引起基础教育工作者日益浓厚的兴趣，预计会在 20% 以上的教育机构中得到应用。"学习分析"可以帮助我们利用大数据，掌握学生的学习状况，比如，在学生自己上网学习的过程中，教师可以通过分析学生的点击率，了解不同学生在学习中遇到的困难或其兴趣点，从而实现个性化的指导。"开放内容"可能对未来的学校形态产生最大的影响，甚至会改变教育的业态。现在，我们不少学校还处在校园网时代，习惯于将最好的课、最好的资源封闭起来，这种观念和做法最终会改变。(3) 在远期发展阶段（即未来四至五年内），"3D 打印"以及"虚拟和远程实验室"将获得广泛的应用。"3D 打印"快速成型，学生学习一个内容后，在了解原理的基础上，可以将相应的东西制作出来，从而加深对所学知识的理解和运用。而"虚拟和远程实验室"不仅可以帮助学生以虚拟的方式完成现场操作所无法完成的实验，还可以支持学生不受原材料限制，亦不受时空限制地进行创造性的实验。

新的教育模式正在给传统的教育模式带来前所未有的挑战。比如，当前我们还没有充分的技术与实践真正支持学生的个性化学习，也还没有找到应用数字化媒体开展形成性评价的有效方法，等等。因此，基础教育必须正视日益增强的正式学习与非正式学习相融合的需要，抓住机遇，推动教育新的变革。

（2013 年 10 月 19 日在"中国教育学会中小学整体改革专业委员会第十六届实验基地会议"上的报告，原载《中小学管理》2013 年第 11 期）

## "云教育"探索的起步

记得 2011 年 9 月美国教育部部长邓肯曾经提出一个问题：为什么在教育领域信息技术的投入很大，却没有产生像在生产和流通领域那样的效果呢？他认为原因在于教育没有发生结构性的改变。我想，他的推断不无道理。

比尔·盖茨等人都预言，21世纪随着信息技术以及其他领先科技的发展与聚合，学校的形态最终会发生改变。教育专家们都在推测这种变化将怎样发生。

今年9月1日，北京数字学校正式启动。它让我看到了一种试图改变教育结构的积极探索。数字学校目前是传统教育模式与信息技术和新媒体技术的有机结合，是网络化、数字化、智能化的新型教育环境。这种新型的、开放式教育模式能给学习者提供个性化成长和发展所需的学习环境、学习资源。以中小学生为服务主体，同时面向社会公众免费开放名师同步课程资源，着力推动基础教育开放包容式发展，全面提高教育质量。

看到"云商业"的发展，我想，北京数字学校可能是"云教育"探索的起步。

和"云商业"一样，"云教育"思考的原点是云计算。云计算是当前新技术群里最为核心的技术。它就像工业化时代将无数小的发电站连成电网一样，将成千上万台的服务器组成一个庞大的计算集群以实现大规模的资源共享。云计算不是凭空而来的，20世纪70年代出现分布式计算，90年代末出现网络计算技术，云技术之所以能够成为类似公用电力的革命性和集大成的技术，背后是IT技术数十年的演化。云计算的诞生将是它所引发或相伴的一连串事件的基础，随着云计算的进一步完善，它必将激发出信息革命的全部能量，无数的创新应用与包括教育在内的运行模式将涌现出来，教育的逻辑也将得以再造。我想，云计算的发展为"云教育"提供了最主要的发展动力。

从北京数字学校的建立和初步运行，我们仿佛看到了一幅未来"云教育"的图景。

一是汇聚资源。表现在资源的集中、增值和内部资源、外部资源的整合。云计算强大的存储与计算能力为满足教育的海量数据的处理需求提供了可能。无论是处理视频、图片、日志、网页等非结构化的数据，还是高达上百TB的离线数据，甚至实时处理数千万乃至数亿条即时的信息，都可以实现。这样就可以使分散的教育资源成为高度集中的教育资源库，并且使每天产生的新知识，以及在学习过程中出现的问题和信息汇入资源库中并即时进行整合，从而使资源库不断扩充，不断增值。这种资源整合不仅在教育内部进行，还将会拓展到广泛的领域，成为内外结合的教育资源。这就可以有效地利用海量数据来提高教育的效益和质量，教育的结构性改变也将具有强大的技术基础和核心要素。

二是更新模式。传统教育模式是在工业时代形成的，在现实和理念上，都遵循着类似于机械系统的一些法则，形成了师生之间的线性的单向的知识供应链。而在互联网时代网状协同的逻辑下，教育内部开放化、组团化，形成以学习者为核心的网状协同的在线价值网，这就改变了传统的学习方式。新的学习模式的基本特性是：分布式所导致的学习过程中的多元化分工、多向化互动（教师、学生、社会人士、文本与各种资源之间的互动）；价值网里每一个学习者的角色都随学习的需求而变化，并在不同价值网里扮演多样化的角色；价值网里各角色之间的关系是"超链接"和松散耦合的关系。

三是增强柔性。从一个线性、确定的学习环境，走向一个不确定、流动、网状的学习环境，柔性将是"云教育"最突出的特点。教育的困惑始终在于无法兼顾个性化需求和教育效益的同步提高，这是一对难于处理的矛盾，因此，以教师教学生学为主要形态，以课堂教学为主要组织形式的传统教学模式难于改变。而"云教育"将以满足学习者柔性需求的教育模式变成主导，教师和学生将获得极大的主导权，线性、固化的知识供应链，将向着柔性的协同模式不断演化，学习者自组织而非被组织。个性化学习需求将通过"云教育"的这场革命跃上一个新高度，学习型组织中每个人的行为模式和"扮演"的角色都将更加柔性化。

四是提高效益。现在我国信息技术在教育领域的投入的重要特征是分散。分散配备设施，分散建立资源库，分散建立校园网。不仅造成教育资源的分散，同时造成人力物力的分散，这种分散是信息技术投入效益不高的重要原因。学校化曾经是一场教育革命，学校由此成为教育结构的主要构件。时至今日，大部分的学习者不是在这所学校学习，就是在那所学校学习。但这种学校占据主导地位的格局，已经在北京数字学校成立所预示着的"云教育"出现后开始受到冲击。互联网和云计算正在改变学校，"去学校化"的远景其实已经开始朦胧显现了。

北京数字学校的运行只是开始，"云教育"也只是构想。但我想，这是一个极具现代意义的试验的开始，是一个极富长远意义的创意构想，所以，我们对它充满期待，也充满信心。

（原载《基础教育参考》2012 年第 21 期）

# "互联网＋教育"不是物理变化，而是化学变化

近年来对教育信息化的争议一直存在，我想大概有三种看法。

第一种我把它叫作批判主义，就是对教育信息化存在许多担心。比如，2015 年美国埃默里大学的一位教授所写的一篇文章就引起了强烈的反响，他文章的题目就叫作"愚蠢的一代"。他认为，在美国，一个初中学生一周平均至少要发 2200 多条短信。看起来信息传递的速度加快了，和别人的联系也更广泛了，但这位教授认为，信息传递的高速度并不意味着内容更加深刻，反而可能更加肤浅。交流更加广泛了，一则短信群发就可以有几百人，但并不意味着有更多的意义。所以他说如果这样下去，那么美国的年青一代可能就会变为肤浅的、没有深刻认识的、愚蠢的一代。当然，他的这篇文章引起了美国许多青年的反感。

第二种我把它叫作现实主义，就是把互联网或者信息技术在教育领域的应用，用我们最现实的评价方式来评价。比如在中国，互联网在教学中的应用对提高高考成绩到底有多大的好处。比如在欧洲，互联网的应用究竟对 PISA 成绩的提高有多大的好处。这样的一种现实评价可能会得出两种结论：第一种，看到了应用互联网之后提高了考试的成绩，觉得互联网教育是很有意义的、很有作用的。另外一种，就像

OECD 的报告里面所提到的那样，觉得互联网的应用、信息技术的应用和 PISA 和学生学业成绩的提高并没有正相关。甚至该报告里面提到的在教学中应用信息技术的时间超过了 OECD 国家平均水平的一些国家，他们的 PISA 考试成绩反而有下降的趋势。所以这种现实主义的评价就是看有没有对我们现行的评价模式所产生的结果起作用。

第三种我把它叫作浪漫主义了，就是引用乔布斯临终之前的三大预言之一。他说：互联网将来要控制教育。或者引用比尔·盖茨的话，认为 21 世纪最大的改变可能就是信息技术最终会改变学校的形态。期待着这样的一种前景尽快出现。

我想这样的一些认识都是有意义的。因为批判主义可以让我们防止偏差，现实主义可以让我们重视实效，浪漫主义可以让我们向往美好前景。我想，这三者结合起来会使我们对互联网和教育的关系认识得更全面。

最近，OECD 有一份关于信息技术在教育领域应用的报告。2012 年 PISA 考试之后，又从参加 PISA 考试的部分国家里选取了一部分学生进行用计算机来解决问题的测试，相关人员根据这个测试的结果做了分析，提出了这份报告。这个报告确实是提到了在 OECD 国家里看不出信息技术的应用对提高 PISA 的成绩到底有多大的帮助，但是我觉得这个报告也提出了另外三个很值得我们关注的观点。

第一个观点：这个报告提出了两个"数字鸿沟"的概念。"数字鸿沟"这个概念最初是美国前副总统艾伯特·戈尔（Albert Arnold Gore Jr.）提出来的，他认为数字时代的到来不一定能给人类真正带来幸福。因为掌握数字技术的那一部分国家、人群、民族、地区可能会更快地富裕起来，而不掌握的就可能会更加贫穷。因此中间会形成一道鸿沟，这道鸿沟加大了贫富差距。而 OECD 的这次报告提出了不仅会有这道鸿沟，可能还会出现第二道鸿沟。那就是现在世界上很多人都已经开始利用信息技术的一些工具了，至少有手机了，但是在应用信息技术的能力上会有很大的差距。从 2012 年 PISA 的测试结果也可以看出来，笔试的成绩跟应用计算机能力测试的成绩并不一定完全一致。比如，中国上海在笔试中是排第一的，在计算机能力的测试中排第七。虽然都很好，但是反映出两者之间是有差距的。所以这份报告认为将来第二道数字鸿沟就是有一部分人虽然掌握了数字技术但是能力却并不强，和那些掌握数字技术而应用能力很强的群体间形成了很大差距。我想这个观点是提示我们要重视信息技术的应用能力，要防止数字鸿沟的出现，或者防止自己的国家在数字鸿沟贫穷的那一边。所以目前看世界上各个国家在教育改革的方案中都非常强调教育信息化，在一个月以前，奥巴马签署的《每一个学生都成功法》里面，就大大加强了信息技术在教育领域应用的内容。

第二个观点：OECD 的报告里强调了技术、教育内容、教学方式之间的关系，里面有一句很经典的话："先进的技术只能放大优质的教育，而不可能取代平庸的教育。"就是说应用先进技术并不等于有了先进的教育内容和教学方式。而且报告中还有一句话说，"如果用 21 世纪的技术装进去的是 20 世纪甚至以前的陈旧的内容，那只会稀释教学的效果"。这就说明先进的技术必须和先进的教育内容、先进教育的方式结合起来，才能够真正地产生作用。因此在中国曾经有些专家讨论，到底是提"互联网＋教育"还是提"教育＋互联网"，不管是"互联网＋教育"还是"教育＋互联网"，都不能理解为把现在的教育内容和方式放在互联网上。它不是一个物理的变化，互联网和教育的结合应该是化学变化，它产生了一种新技术、新内容与新方法的结合。

第三个观点：这个报告里强调提高教师的信息素养，认为教师的信息素养是互联网和信息技术与教育实践相结合的关键。因为教师容易对自己最熟悉的、掌握得最好的、应用时间最长的方式或者内容有一种习惯性的保护，而对自己不太熟悉的、掌握得不好的那些技术有一种习惯性的抵制。我到瑞士进行考察的时候曾经请教过他们一个问题：你们的信息技术的投资是怎么分配的？结果他们给我画了一个圆，又在圆中画了一个直径，在直径分割的圆的另一半又画了一个半径。他说信息技术的投入，四分之一应该用于硬件，四分之一应该用于软件开发，二分之一应该用于教师培训。而且他们最后加了一句：如果你不用二分之一的经费来培训教师，前面的钱等于白花。我想实践也是这样，我们往往在信息技术的硬件上投入了很多，而教师的信息素养，包括他们对信息的认识，对信息教育的认识，对信息技术应用的能力，以及信息道德，等等，这些信息素养如果得不到提升的话，即使我们配备了很多硬件，往往也是一种摆设。

所以我想 OCED 报告里面的这几点给了我们一个提示：我们进入了互联网的时代，互联网已经渗透到了我们生活的每一个角落，成为我们生活不可分离的部分。那么我们的教育可能不会像某一位专家说的那样：如果把我们现在的一个人冷冻起来，一百年以后再让他复活，那个时候由于时代在前进，他对所看到的每一件东西的功能都不清楚，所看见的每一种设施也都不知道其用途，但是当他走到一个地方的时候他说，"只有这个地方我还认识"，这个地方就是学校。这位专家的意思是最难改变的是学校。

我想，如果时代在变而学校总是不变的话，恐怕我们就难以推动未来社会的建设或者培养生活在未来社会的人。所以我感觉到了我们可以采取像在"电"刚开始使用时那样的措施，"电"是有用的，但是有人提出来"电"会电死人，是非常危险的。如果我们不重视人家提出来"电"是可以电死人的，"电"是不可能推广的。因为很多人被电死之后，大家都不敢再来接触电了。但是，如果我们因为电能够电死人就不用电，那么我们现在晚上可能还生活在黑暗之中。所以互联网的应用也可能是这样的。我们既要重视互联网在实践中出现的各种问题，又要坚定不移地推进它，就是说我们要始终处在积极的探索中。

（2016 年 2 月 16 日在"中欧高中校长论坛闭幕式"上的讲话，原载京城教育圈微信号：bjeduvision）

第四辑

为理解而教

　　所以，传统教学更多地是让学生牢固地掌握已知，是"为已知而教"，而"为理解而教"是"为未知而教"，这才是真正意义上的理解、真正意义上的学习。这种学习观对以记住标准答案为目的的"应试教育"的学习观是强有力的冲击。

积极向上的课堂文化是学生智慧、能力、人格生长的必要条件。改革当然不仅仅发生在课堂上，但可以肯定的是，没有发生在课堂上的改革，绝对不是真正的改革。

# 21 世纪课程议程：背景、内涵与策略

在全球扁平化的时代浪潮中，培养学生的核心素养，提供适合的教育，是各国教育的重要使命。2015 年是世界教育目标年，联合国教科文组织国际教育局（Internation Bureau of Education，简称"国际教育局"）发布了《处于争论和教育改革中的课程问题——为 21 世纪的课程议题做准备》等重要报告，逐步将课程问题聚焦，同时也达成了包括培养能力、学生中心、整体综合、多样包容、数字化在内的 21 世纪课程发展新趋势的共识。

## 注重能力的提升与价值观的培养

培养学生能力是 21 世纪课程改革的重大主题。所谓能力（ability），实际上与国际教育中所谈的技能（skill）、素质（quality）和素养（literacy）大致是相通的，它涵盖了诸如价值观、沟通合作交流、批判性思考、问题解决、创造力等方面，有着一定的深度和广度。

绝大多数国家都看到了，拥有上述综合能力的学生才可能在当今激烈的社会竞争中立足，才可能拥有幸福生活，因而将培养综合能力纳入国家教育发展方案中，成为课程的主题和目标。正如美国"21 世纪学习框架"和新加坡"21 世纪技能框架"所提出的学习和技能目标，均关注了综合性、全方位技能的培养。而与此同时，许多国家也在逐渐将国家价值观纳入其教育内容及目标。2015 年 1 月 27 日，英国教育大臣妮基·摩根（Nicky Morgan）强调，推动"英国核心价值"成为教育的重中之重，"所有学校都应该像提升学术标准一样，加强英国基本价值观培养，让每个孩子懂得学习英国价值观与学习数学、英语一样重要"。同样，法国、韩国、日本、新加坡、新西兰等国家也都在不同程度上采用不同方法将本国价值观教育融入学校教育教学中。卢旺达教育部部长帕帕斯·穆萨福瑞·玛丽木巴（Papas Musafuri Mariumba）

表示："教育是国家发展的关键，不含国家价值观的教育没有任何价值。"

## 寻找教与学的契合点

在加拿大多伦多约克大学座谈时，我曾谈及"教学改革最大的难点是什么"的问题，难点就在于"以教学为主导和以学生为主体的平衡点非常难找"，而这却是课程改革走向成功所必须攻克的堡垒。国际教育局报告中则强调教和学应该齐头并进，对"以学生为中心"进行了全新的解读，所谓"以学生为中心"不是没有教，而是学习与教学要把学习者当作中心，但以往的教学活动比较注重基本知识和基本技能的传授，更多地关注学生掌握知识的能力和程度，明显缺乏对知识以外其他维度学习的重视。事实上，除了基本知识、基本技能和认知技能的获得外，还应当关注学生解决问题的能力、创新能力的培养，以及对人权的理解和尊重、对文化多样性的认识以及学会终身学习与合作等能力的获得。因而，坚持以学生为中心，促使教与学齐头并进、互为补充，是 21 世纪课程改革的必然趋势。

## 构建整体综合的课程框架

整体和综合是课程框架构建的新趋势。所谓整体是要打破原有的分学段设计，将各学段打通进行整体设计，以加强学段间的紧密联系；而综合则是指学科与学科之间的融合，以往的课程框架多为分科教学，而现实中用任何一个单一的学科来认识世界都是不可能的，用任何一个单一的学科来进行创新也是不可能的，因而构建综合课程框架，进行跨学科课程与教学是至关重要的。

2015 年 8 月 6 日韩国教育部门召开了"2018 教育课程改革文理科融合型课程第一次听证会"。此次教育课程改革的重点是设置文理科综合课，高中不再区分文理科，除了原有的国语、英语、数学、韩国史四大基础科目之外，增设了自然科学综合课和社会科学综合课。韩国教育部表示，促进高中文理融合型课程改革的宗旨在于，同时培养学生的人文、社会、科学技术等多领域的基础素养，让学生既拥有人文学科的想象力，又具备科学技术领域的创造力，为今后成为多领域综合性人才打下坚实的基础。整合课程框架是教育课程改革的必然趋势，是适应 21 世纪国际人才培养目标，提高教育质量的必经之路。

## 重视教育的多样性与包容性

2012 年的 PISA 结果引起了世界范围的关注，OECD 通过对测试结果的统计分析，总结了成绩较好的国家和地区的基本经验，并提出评价教育成功与否应该从 3 个维度进行，即教育的公平度、包容度和卓越度。所谓公平度，就是关注贫困家庭或弱势群体家庭出身的学生能否取得好成绩；包容度，就是根据学困生的学习成绩能否有所提高来进行评价；而卓越度，就是要看其总体成绩的情况。

日趋扁平化的世界使得多样性和包容性日益凸显，这意味着教育不仅要着眼于高水平、高成效的国家、地区，更要关注教育水平较为落后的地区和发展水平较低的儿童，对多样性、公平度及包容性的关注标志着教育的发展程度及其与时代发展潮流的契合度，也密切联系着教育改革的成败。

## 推进教育的信息化

2015 年 9 月 15 日，OECD 基于 2012 年的 PISA 学生数字化技能评估结果发布了《学生、计算机与学习——促进彼此联系》(Students, Computers and Learning：Making the Connection) 的报告。该报告指出，尽管信息通信技术在日常生活中的应用范围越来越广泛，但是这些技术并没有真正应用到正规教育中，而且学校并没有充分发挥 ICT 积极影响课堂教学与学习效果的潜力以应对"数字鸿沟"，也未能培养学生拥有当今"连通世界"(connected world) 所需的技能。对此，OECD 教育与技能主管安德烈亚斯·施莱歇（Andreas Schleicher）强调，全球学校教育体系必须找到更有效的途径，将技术整合进教与学中，并为教育者提供能够支持 21 世纪教学法的学习环境，以及为儿童提供在明日世界获得成功所需要的技能。

"虽然技术可以放大杰出的教学，但是再伟大的技术也不可能代替平庸的教学"，"将信息化技术单纯添加到教学中只会稀释教学效率，教师必须在技术创新及技术整合教学方面成为积极主动的变革代言人"，确保其始终处于设计和实施技术、推动教育变革的前线。此外，为了开发和发挥技术所具有的巨大潜力，各国首先要促进教育公平，营造良好的数字化环境，并将需要的基本技能传授给学生，同时教师、家长和学生也要警惕互联网可能引发的负面影响。

（原载《比较教育研究》2016 年第 2 期）

# 赋予课堂以生命的价值
## ——谈课堂文化建设

我国基础教育发展的历史也是一部波澜壮阔的课程改革的历史、课程价值变迁的历史。中华人民共和国成立以后，我们正式进行的课程改革大概有八次。当前正在进行的第八次课程改革已经从理念启蒙阶段、模式探索阶段进入效能增强阶段，而课堂文化建设是深化课程改革、提高教育效能的一个重要途径。

课堂是现代学校教学的主要场所，课堂学习是传承与发展人类文化的基本形式。我们现在研究的课堂主要是当代的课堂，而非未来的课堂；主要是小课堂，而非社会大课堂。在这样一个边界内，我们对课堂文化建设问题进行探讨。

课堂教学的一个重要特点是规范性与随意性的结合。其规范性表现在，它有相对稳定的空间，相对稳定的人群，相对固定的时间，相对明确的任务；随意性表现在，教学设计无严格的规定性，教学过程具有很大的不确定性，教师作用的"权威性"，教学效果的难预期性。我们所研究的课堂文化就是在这样的课堂里所形成的文化。

课堂文化是学校文化的重要组成部分，是学校文化的一种表达形式和基础载体。它是师生在课堂教学中所体现出来的思想意识、思维方式以及学习方式的总和，是学校的价值取向在课堂活动中的体现。它是在长期的课堂教学活动中形成并为师生所自觉遵循和奉行的一种文化。

　　课堂教学水平是学校教育水平的集中体现，而课堂文化又是课堂教学水平的集中反映。因此，学校在推进文化建设的过程中，不仅要重视环境文化、制度文化的建设，更要重视课堂文化的建设。

　　近些年，我国的课堂文化建设不断取得新进展，课堂教学的整体面貌发生了积极的变化，给整个课堂教学注入了新的活力。但是，目前课堂文化建设也存在着一些新的情况和问题。

　　其一，课堂文化建设并没有真正成为学校文化建设的重要领域。我们普遍重视学校文化建设，但对课堂文化建设的研究还比较薄弱。如在学校文化建设研究中有几种倾向：一是重概念轻内涵。新的提法、概念很多，令人应接不暇，但对这些概念的内涵的研究，特别是对概念内涵之实际体现的研究则很少。二是重硬件轻软件。三是重课外轻课内。在课堂中，我们很难感受到学校所追求的文化的存在，课内课外反差很大。学校文化几乎等同于课外文化。

　　其二，传统的教学质量观和由此形成的教学模式仍在课堂教学中占主导地位，研究课与常态课存在较大反差，新的课堂文化并未真正形成。比如，流行的各种理论、方法、概念不断变换，但学习目的的应试性、师生双边活动的单向性依然没有改变；即使不少学校研究课堂文化，也常常简单化地将其与教师的"做课"捆绑在一起，囿于"磨"出一节"好课"；在研究课上学生的种种良好表现往往带有表演性，常态课依然故我，甚至传统色彩浓厚。

　　其三，课堂教学改革的形式主义依然存在，针对性、实效性较差。学生的课业负担在多数地区仍然较重。有的学校为了保证研究课课堂的精彩，而将课堂教学任务向课堂的两端（课前、课后）延伸，一端增加大量的预习作业，一端增加大量的巩固作业，而且大多是无效作业。这样的课堂虽然看起来很活跃、很精彩，但并没有真正取得让学生生动、活泼、主动学习的实效。有效教学、有效学习、有效作业并未实现有效衔接，课堂上似乎是有效教学，但课外却需要留很多作业来弥补课堂的损失。

　　其四，学校领导难以将主要精力放在研究教学上，更难以坚持走进课堂，关注课堂文化建设。

　　课堂文化就是课堂的价值追求，它应该体现为对生命的理解和尊重，对智慧的激发和启迪，对能力的培养和提升。建设新的课堂文化，必须努力营造平等民主、和谐共处、互动合作、自主探究的课堂氛围，赋予课堂以生命价值。我们研究课堂文化建设需要关注四个问题。

　　一是目标的基础性。

　　当基础教育不是打基础的时候，就不可能为一切人所共有。习惯是基础素质的重要体现。素质教育就是培养好习惯。我们在课堂文化建设中要培养的好习惯主要包括反应倾向、思维习惯和行为习惯。

　　反应倾向。个人对事物的反应倾向体现出人的价值判断习惯，社会对事物的反应倾向体现社会的价值取向。比如，一个同学回答问题时错了，其他同学是耻笑他还是鼓励他，老师是讽刺他还是帮助他，都体现出一种反应倾向。反应倾向的培养，其实就是一种价值观的培养，一种做人品质的培养。

　　思维习惯。大多数时候，人们受制于强大的惯性思维。惯性思维能够帮助我们快捷地认识和适应周围的世界，也有助于我们遵守社会的行为规则。但它往往过于刻板，如果这样一种思维习惯难以突破，那么我们就很难进行新的创造。所以现在我们面临着如何培养学生创造性思维习惯的问题。我们现在的研究性学习大多是解决获取知识的问题，这并未真正进入思维能力的培养，因为真正的思维是从运用知识解决问题开始的。印度把高级思维训练融入中学的各学科当中，以色列的"2000优秀学生培养计划"也把高级思维训练融入各学科当中。他们的做法值得我们借鉴。

　　行为习惯。行为习惯是一种定型行为，是人在一定情境下自动进行的某种动作，包括生活习惯、工作习惯、学习习惯、待人习惯等。

　　习惯不是单一的素质，反应倾向影响着我们的价值取向，思维习惯影响着我们的思维方式，行为习惯影响着我们的行为方式，这三点非常重要。个人有了好的反应倾向、思维习惯和行为习惯，个人的素质就提高了，就为他一生的发展奠定了坚实的基础；多数人有了好的反应倾向、思维习惯和行为习惯，国民素质就提升了，就为整个国家的发展奠定了坚实的基础。

如果基础教育能够把我们所要求的东西变成学生的一种反应倾向、一种思维习惯、一种行为习惯,那么这个"基础"就真正打好了。所以课堂文化建设应当通过培养各种好的习惯,来体现基础教育的基础性。

二是理念的人本性。

我们在进行课堂文化建设时,必须牢记一句话:"人永远是目的。"这是全部教育活动的出发点和归宿。在任何情况下,我们都必须始终把人作为目的而非手段,这是维护人类尊严的基础。学生的发展永远是教育活动的目的,也是教师专业发展的目的;任何时候,我们都不能把学生当成手段。

现在,有些领导和教师把学生作为获取某些资源或达到某种目的的手段。我们的课堂文化应当体现对学生生命价值的尊重,应当充满生命的活力和动感,应当凸显学生的主体地位。卢梭讲过一句话:教育必须顺着自然——也就是顺其天性而为,否则必然产生本性断伤的结果。我们现在的教育在有意识地教育小大人,这样用强制的办法让学生社会化的做法是不可取的。

新课程改革突出了以学生为主体的思想。学生不仅是教学的主体,也是教学资源、动力资源;不仅是受教育者,也是自我教育者。

在发挥学生的主体作用方面,有三个互动需要关注。一是师生互动。二是生生互动。三是教师、学生、文本之间的互动。三者之间形成一个完整的沟通过程。新的课堂文化倡导从"单向型教学"向"多向型教学"的转变,力图实现教师、学生、文本三者之间的互动。教师要自觉地为此创造条件,以构建课堂上的"沟通文化"。为此,我们要改变教师享有话语霸权、学生在课堂上失语的现象。教师要善于挖掘对话中的新意,创造生成性的教学。

心理学家马斯洛说,只有在真诚、理解的师生关系中,学生才敢于和勇于发表见解,自由想象和创造,从而热情地汲取知识,发展能力,形成人格。这种关系的形成和氛围的创造是至关重要的。

三是价值的导向性。

基础教育最应该关注的问题,是我们能不能教会孩子做人。社会变迁为青少年价值观念的形成注入了许多积极因素，但也有两个特别值得我们关注的变化。一是就目的性价值来看，青少年的价值观从对社会价值的重视开始转向对个人价值的重视；二是就工具性价值来看，青少年心目中的能力价值内涵改变很大。传统的能力价值如勤奋、能干、真诚等的地位逐渐被淡化，而自我宣扬，甚至粉饰和欺骗等病态心理开始萌生。这就揭示出现代教育肩负着重大使命——引导青少年树立正确的价值观，并进行相应的教育变革。

教育本身就是价值引导和价值创造的过程。我们要使社会主义核心价值观成为社会的主流价值观，很重要的途径是教育。因此，学校必须在各种活动中，首先在课堂教学中培育学生正确的价值观念。我们的课堂文化建设必须旗帜鲜明地坚持主流价值观导向，并将这种导向贯串于教学活动的全过程。教育者要善于在课堂教学中体察青少年价值观的时代特征，既要让学生独立思考，又要引导学生明辨是非。

四是模式的多样性。

《国家中长期教育改革和发展规划纲要(2010—2020年)》(简称《规划纲要》)特别强调探索多种培养方式。现在我们在模式探讨中有一种倾向值得注意，就是一研究出一种比较好的模式，就希望大范围推广，认为解决所有的问题，都应该运用这种模式。这是有偏颇的。总的来看，我们还是要遵循《规划纲要》提出的三个原则。

一是注重学思结合。倡导启发式、探究式、讨论式、参与式教学，帮助学生学会学习。

我们希望能尽快实现从"接受型教学"向"质疑型教学"的转变，逐步构建起课堂的"思辨文化"；要倡导以问题为纽带，发展学生的发散思维和批判性思维。

钱学森教育理念中有一个"前科学知识库"的概念。他认为，成为系统的知识固然重要，但有时，突发奇想甚至于做梦，也可能对人的发明创造有启发。创新就是发散思维和聚合思维交替运用的过程。所以，能否始终使学生保持足够的好奇心，是看一节课是不是"好课"的重要标准。要建立开放而有活力的课堂文化，要求课堂成为学生充分施展和表现才能、取得学习成果的空间。因此，我们要做到三个正确对待：一是正确对待学生提出的"计划外"的问题，二是正确对待学生的"错误"答案，三是正确对待没有标准答案的问题。

我们要形成尊重学生、包容学生的课堂文化。要保护学生"好问"的天性，鼓励提问，即使学生的问题"幼稚可笑"；如果学生的回答不符合标准答案，那么我们应该从中找出其合理的成分，以保护他们的积极性；要正确处理好非预期事件中生成的各种课程资源，这是一种艺术。教过多年书的教师都明白，真正效果比较好的课都是磕磕绊绊的课，非常流畅的课基本上都是表演课。

二是注重知行统一。加德纳的多元智能理论认为，智能是"一种处理信息的心理潜能。这种潜能在一定的文化背景下，会被激活，以解决问题或是创造该文化所珍视的产品"。也就是说，传统的"智力"概念强调解答问题的能力，而"智能"概念强调在实践中解决问题和生产产品的能力。

有人曾对美国学生和中国学生提出同一个问题：一张 A4 纸最多能对折几次？中国的孩子不假思索地回答"无数次"；而美国学生则拿来一张纸开始折，结论是：最多可以折八次。由此可以看出，我们过分重视推理的结论，而不太重视实践的结果。

美国的国家数学委员会在一份报告中提出：鼓励与支持开展严谨、实证的数学教育科学研究。他们主张，把数学教育决策建立在以实证为基础的科学研究的基础上。这对我们是很有借鉴意义的。

三是注重因材施教。学生有很多共性，但也有很多差异。亚当·斯密的《国富论》把人都看成"理性经济人"，同样，我们的教育学也常常把学生都看成"理想的学生"。于是，我们探索出许许多多以"理想的学生"为对象的规律和模式，以为它们可以在每个学生身上发挥作用，但实际上并不存在这样的"理想的学生"。

每个学生的智能结构以及原有的学习史造成的发展基础与水平的差异决定了其与别人的不同，而且，影响每个人内因发挥积极作用的外因也不尽相同。可以说，教育学发展的原动力就来自这一个个不同的"非理想"的人。

所以，如果我们的课堂教学只停留在对一般规律进行研究与应用的层面，以对"假设的学生"的教育，逃避现实的、具体的学生带来的挑战，并以固定的模式为标准，对课堂教学做出评价，那么我们就难以真正面对现实的、个体的差异，当然也就难以取得教育的实效。

现在最大的危险来自一些"专家"。他们往往按照一般的教学原则评课，并不了解具体的学生。这样，教师备课的时候就要研究怎么顺应专家的需要，要有哪些亮点引起他们的关注。如此，我们的课就变成给专家"做课"了。这样的课并不一定符合学生的需要。

我们在推进课程改革的过程中，比较重视课堂教学呈现方式的转变和通用原则的运用，而忽视针对不同学生的情况研究教学。这种方向性引导的偏差，使得教师越来越漠视对教育对象差异性的分析。在这种背景下，研究学生也就有了特殊的意义。我们必须在了解学生的基础上来研究教学。教师说课时，要说教学内容、教学方法、教学过程，但首先应该说学生。

总之，通过创造适合不同学生的课堂教学，促进个性化学习，使不同的学生都能打好全面的素质基础，这就是最好的课堂教学。这种课堂教学对于教师的专业发展、对于达成教育目标具有本源性意义。

积极向上的课堂文化是学生智慧、能力、人格生长的必要条件。改革当然不仅仅发生在课堂上，但可以肯定的是，没有发生在课堂上的改革，绝对不是真正的改革。

（在中国教育学会中小学整体改革专业委员会召开的第16届学术年会
上的报告摘要，原载《中小学管理》2012年第9期）

# 为理解而教

哈佛大学"为理解而教"的教师研修课程在北京开放大学的开设为我国的教育改革注入了新的活力，产生了新的冲击。

2011年，美国教育部部长邓肯提出了一个问题：为什么在教育领域信息技术的投入很大，却没有产生像在生产和流通领域那样的效果呢？他认为原因在于没有使教育发生结构性的改变。我想，"为理解而教"就是一种对结构性变化的探索。

"为理解而教"的教师研修课程代表了一种新的教育理念和教师专业发展模式。它是一种学习观的改变、教学观的改变、教学模式的改变。

第一，它是一种学习观的改变——从学习为了解答问题，到学习为了解决问题。

多元智能理论中的"智能"与一般智商理论中的"智商"不同："智商"主要体现于运用已有知识解答问题的水平，而"智能"主要体现于解决问题和创造新产品的能力和水平。智能理论比智商理论更强调创造性和实践性。

"为理解而教"是多元智能理论在学习观中的生动体现。理解不仅仅是认识事物的一种行为，不仅仅指体会和把握教学内容的原意，更是指通过学习者与原有知识的不断融合，产生新的意义，即能够学习知识，并以新的方式运用知识解决问题，创造新的精神或物质产品，并在这一过程中加深对知识的理解。

所以，传统教学更多地是让学生牢固地掌握已知，是"为已知而教"，而"为理解而教"是"为未知而教"，这才是真正意义上的理解、真正意义上的学习。这种学习观对以记住标准答案为目的的"应试教育"的学习观是强有力的冲击。

第二，它是一种教学观的改变——从教学是知识的授受，到教学是生命价值和意义的体现。

我们在教学改革中已经开始重视"授人以渔"，但这种教学观始终没有脱开教师教、学生学的教学关系。而"为理解而教"认为，教学不仅是知识与方法的教学，更是一种精神的教学。理解教学不仅是一种教学方法，更是一种追寻生命意义的手段。这就赋予了"理解"以生命的意义。教学过程是生命运动的过程，是追求生命意义的实现与超越的过程。因此，培养理解精神是教学的重要任务。理解教学是手段与目的的统一、方法与精神的统一，具有积极的人文价值和社会意义。

因此，有的教师用理解教学来解释三维目标：知识与能力目标是水，过程与方法目标是船，情感、态度与价值观目标才是要到达的彼岸。

第三，它是一种教学模式的改变——从学生的被动学习，到学生的自主学习。

理解教育创造了一种新的教学模式，在教学过程中将以下四个环节统一起来：一是启发性论题，即围绕重要的、有众多资源的、能吸引学生的课题来建构课程。二是理解目标，即确立明确的理解目标，并明示给学生。三是理解活动，为学生提供多种机会，让他们在活动中发展，展现他们的理解。四是持续性评价，即使用公开的、与理解目标密切挂钩的标准，评价学生的学习。

这种教学模式的特点有以下几个：一是充分体现学生是学习的主体。每个学生在整个单元或课程的学习中都必须参与表现理解和培养理解的活动，教学成为挖掘学生潜力和创造力的过程。二是强化问题意识。理解教学是一种问题探究式的教学，即以问题为中心的教学。提出问题、解决问题的过程，就是理解与学习的过程。三是鼓励多角度思维。"横看成岭侧成峰，远近高低各不同"。这样的教学有助于学生实现对事物的多元理解，拓展思维空间。四是注重在实践中理解。注重情境设置，激活学生的生活经验，帮助学生借此跨越已知和未知间的鸿沟。五是合作学习，团队研修。无论现场项目还是网络课程，都采用小组合作的方式，形成学习社区。六是信息反馈及时。

总之，"为理解而教"是一种创新性的教育理念和教学模式。

这不由得使我想起一个笑话。一位教师问学生："如果你的生命只剩下三天，你将做些什么？"有的学生说要去旅游，有的学生说要去见最好的朋友，只有一个学生说："我哪儿都不去，就听老师讲课。"老师非常高兴，问他为什么。学生说："因为听你讲课度日如年。这样，三天就可以变成三年了。"我真切地希望，我们的课堂教学再也不要让学生觉得度日如年了。

（原载《中小学管理》2012 年第 9 期）

# 让学生学会"说"

随着学校校际交流、地区交流、国际交流的日益增多，交谈、演讲、辩论以及通过言语表达情感已经成为学生的重要能力。不少学生出色的口头表达能力让我们深受鼓舞，但在相当多的情况下，学生们"说"的水平还显得很不尽如人意。

在信息时代，口头表达能力已经成为影响人生存与发展的重要因素。在诸多场合，很多人发言时还拘泥于念稿，回答问题时还局限于三言两语的表态，进行无准备辩论时常常陷于张口结舌的境地，表现得与当代信息社会的需求很不相符。所以，增强学生"说"的能力已成为当前教育教学工作的重要课题。

我想，培养学生的口头表达能力需要加强引导、做出示范、提供机会、引入评价。

一要加强引导。要把口头表达能力的培养当作基础教育的重要责任，当作课内外教育教学活动的重要目标之一。现在，由于考试主要通过书面形式进行，对学生表达能力的考查也多局限于书面表达，加上教学形式以知识授受为主，学生的主动性难以充分发挥，所以，培养目标中的口头表达能力被边缘化了。因此，各级教研部门和学校加强教师对学生"说"的能力的引导至关重要，否则，学生"说"的能力就无法在教育教学活动中占据它应有的地位。

二要做出示范。现在，无论是在社会上还是在学校内部，各级领导的讲话可谓念稿成风。当然，一部分重要会议的重要报告必须有成文的讲稿，以体现其严肃性。但在多数场合，领导者的讲话应当是即兴的。如果学生参加会议和活动，打开电视和广播，看到的都是念稿的形象，听到的都是念稿的声音，他们提高自身口头表达能力的愿望和激情就难以激发。其实，脱稿和无稿的讲话往往能够去除陈词套话，能够更加真切生动，更加贴近群众。我想今后应当从学校做起，校长、干部和教师除了极为必要的情况外，都应当脱稿讲话、无稿讲话。这是对学生提高口头表达能力的最好示范。

三要提供机会。现在，在学校的教育教学活动中，学生"说"的机会很少，教师为了完成教学进度，在课堂上向学生提出的问题往往都是可以用一两句话，甚至一两个词就可以回答的，学生没有完整思考和系统表达的机会。在探究课上学生畅所欲言的时间也不多。在校会、班会以及学校的其他庆典活动中，也多半是让学生先写书面发言稿，经教师修改后再去宣读，即使是这样的机会，也常常只有极少数学生才能够享有。近期进行的一项有关学生阅读能力的调研结果显示，我国教师与其他国家的教师相比，在"倾听学生"方面差距较大。有人评论说，我国教师的"听商"比较低，也就是不愿意倾听、不耐心倾听、不善于倾听学生讲话。学生缺少口头表达的机会，也就难以提高口头表达的水平。所以从某种意义上说，重视对学生"说"的能力的培养是我国教育模式改革的重要标志之一。

四是重视评价。教育是人的社会化过程，"说"的能力是学生进入社会后生存与发展之必需，是学生的重要基础素质，也是改变当前社会普遍存在的说假话、空话、大话的不正之风的奠基工程。因此，应当把学生的口头表达能力作为评价学生基础素质的重要标准，作为衡量教师教学水平的重要尺度。要建立起包括愿意讲话、善于讲话、能够大声讲话、讲自己的话、讲真实的话、讲生动的话、讲理性的话以及相关的讲话技巧与艺术等维度的评价体系，以促进我国学生口头表达能力的整体提高。

"说"的能力实际上是学生各项基础素质的综合体现，既包含价值取向、思维能力，又包含情感、意志；既包含知识的广度，也包含认识的深度。而教师通过倾听学生的"说"，就可以及时获取教学效果的反馈，及时调整教学方案，从而使教学真正成为师生间的良性互动。这样，学校教育也就会在更加和谐的氛围中健康发展。

言为心声。我们期待每所学校都能搭建让学生表达心声的平台，并且使每一位学生都有表达心声的能力与激情。

（原载《中小学管理》2012 年第 10 期）

# 没有问题是最大的问题

课堂上经常出现这样的情况，老师讲完后问学生："你们还有什么问题吗？"学生们齐声回答："没有了。"于是老师很满意，认为这堂课很成功。

其实，素质教育和应试教育的一个重要区别就在于，应试教育是要让学生掌握标准答案，所以教师教到学生没有问题就是成功；而素质教育更为重视学生的独立思考能力和创新精神的培养。所以成功的教学应当是学生能提出更多新的问题，进行新的思考，并提出新的见解。因此，学生没有问题恰恰是最大的问题。

人的一切发明创造都源于好奇心。好奇心是人们积极探究新鲜事物的一种心理倾向，它主要表现为好提问、好琢磨、好动手。

爱因斯坦曾说，我没有特别的天赋，我只有强烈的好奇心。谁要是体验不到它，谁要是不再有好奇心，也不再有惊讶的感觉，他就无异于行尸走肉，他的眼睛是模糊不清的。巴尔扎克也说过，打开一切科学的钥匙，毫无异议地是问号。世界上许多发明创造都是从质疑开始，从好奇心开始的。

因此，好奇心不仅可以成为学生学习的内在动力，而且还会成为具有重大意义的发明或发现的催化剂。

我听到过这样一件事。在幼儿园里老师给孩子们讲故事：一只小白兔把小伙伴请到家里，它从冰箱里拿出来一棵白菜和一根胡萝卜招待它们。讲到这里老师问："小朋友们，这时候它的小伙伴应该说什么呀？"一个小朋友说："应该说谢谢！"老师夸道："真好，你真懂礼貌！"接着，小朋友们都回答"应该说谢谢"。这时，有一个小朋友说："我想问小白兔，冰箱里还有什么吃的呀？"老师立刻批评他："你怎么这么没有礼貌，这么贪心！"

这位教师的做法是十分不妥的。

培养和保护学生的好奇心，教师要明确目的，营造氛围，激发兴趣，鼓励质疑，引导实践。

要明确目的。教师要把激发孩子的好奇心作为教育的追求。只有有意识地让学生自己提出问题、亲自参与新知识的发现、独立解决问题，才能真正锻炼学生的思维，开发其智力，发展其能力，享受学习的乐趣。要使学生把主动提出问题当成自身的需要，变"要我问"为"我要问""我爱问"。

要营造氛围。教师应尽可能为学生营造一种安全、民主的氛围，给他们充分的自由，允许他们大胆地想、大胆地问。要尊重他们的天性，尊重他们的兴趣，尊重他们的发现。还应当创设一种使学生产生疑问并渴望得到答案的学习情境，使学生不能简单地利用已有的知识和习惯去解决问题。比如，可以增加教学内容的"意外性"，适当超出学生现有的生活经验。出乎学生意料的教学内容极易引发他们的好奇心。

要激发兴趣。学习兴趣是学习中最现实、最活泼的原动力。富有好奇心的学生能够在获得知识的过程中体验乐趣，这种乐趣又会激励他不知疲倦地去探索未知领域。为了使学生的好奇心、求知欲保持觉醒的状态，教师应时时关注引起他们兴趣、令他们吃惊的事物，关注他们的新想法和新发现。只有这样，才会更好地唤起他们的有意注意，提高他们学习的自觉性和创造性。

要鼓励质疑。问题与疑问是探究的起点，也是探究教学的一个基本特征。教师一方面要善于设问质疑，启发学生从不同角度、不同方向进行深度思考；另一方面要鼓励和引导学生积极主动地质疑，要让学生想问、敢问、善问。苏霍姆林斯基说："成功的欢乐是一种巨大的情绪力量，它可以促进儿童好好学习的愿望。"教师要通过评价，保护学生质疑的积极性，使学生获得愉快的情感体验，看到他自己的智慧和力量。

要引导实践。学生周围的环境刺激是丰富多彩的，要让他们亲自去看、去听、去闻、去尝、去摆弄。这是学生探索生活奥秘的过程。教师要努力优化课堂结构，留给学生充足的空间，放手让他们尝试。

教师要善于倾听和积极引导，通过设计富有挑战性的实践活动，鼓励学生大胆猜测，亲身体验，去验证或修正自己的想法，使学生在自我学习中发展。

当我们在课堂上能够听到学生不断发问的声音时，我们就可以说，课程改革又前进了一大步。

（原载《中小学管理》2012 年第 12 期）

# 由两节课引发的思考

北京的中关村第一小学、北京小学、北京第一师范学校附属小学、朝阳实验小学四所学校和美国的同行们联合组织了一次课堂教学观摩活动，双方教师进行了各科课堂教学展示。我听了中国和美国教师各一节数学课，感慨良多。

其中一节数学课的内容是分数、小数和百分数的互换。教师在组织学生简要复习三者的概念后，着重突出教学难点——在将分数化为小数时，是将分子还是分母作为被除数。然后，教师留出大量的时间，让学生借助简易的教具等进行巩固性练习。整节课环环相扣，简洁明快。

另一节课的教学内容是求平行四边形的面积。教师先提出一个很有趣的问题：用一块长方形的土地换一块平行四边形的土地是否合算？然后组织学生分组讨论，每组将讨论的结果向全班展示，并说出思维过程，各组间相互评论、争论。最终，大家用图形切割等方法，对两个图形的面积进行比较，找出平行四边形底和高与长方形长和宽的关系，得出求平行四边形面积的公式，解决了开始时提出的问题。整节课学生思维活跃，课堂气氛热烈。

两节课都十分精彩。但出乎我意料的是，前一节课由美国教师执教，然而采用的是典型的中国传统教法；后一节课由中国教师执教，然而采用的是典型的西方教学模式。

这使我想到了许多问题。

一是所有的教学改革都是从问题出发的。美国基础教育注重学生的智力发展与能力培养，但基础知识和基本技能的教学相对薄弱。因此，美国在21世纪初颁行《不让一个孩子掉队法》，注重学生学业成绩的提高，对学校与教师实行以学业成绩为依据的绩效考核。在这种导向下，教师的教学改革自然会偏向对知识与技能的传授。而中国长期以加强"双基"为目标，但学生的能力培养与个性发展被忽视，因此，以第八次课程改革为标志，中国的教学改革正朝着培养能力与开发智力的方向发展。虽然常态教学改起来并不容易，但在展示教学改革的成功课例时，中美双方都有意突出了突破藩篱的创新点。由此，我想到，借鉴任何国家的经验都要认真研究该国的教育背景，否则极易陷入误区。

二是东西方的教学改革正在相互借鉴与融合。在全球化的背景下，教育的交流、交锋与交融已经成为一种时代潮流；关注别国的教育动态、发展方向，特别是成功经验，以推进自身的改革，成为各国教育的必然选择。在我们学习西方发达国家基础教育成功经验的同时，西方国家也在研究中国的教育。中国出国留学学生的低龄化，以及他们总体的基础知识和基本技能的水平，特别是上海学生参加PISA测试的表现，引起不少国家的兴趣。由此出现了各以对方的教育优势为改革方向的趋势。从某种角度看，东西方的教育改革正在相向而行。

三是教学改革必须在正视积弊的同时，珍视自身的优良传统。教育现代化是社会现代化的一部分。无疑，我国的传统教育在普及化、终身化、个性化、信息化和国际化等方面都存在着许多不适应现代社会需求的因素。找准这些因素、明确改革目标是我们的迫切任务。当前，教育改革已进入深水区和攻坚阶段，在取得进展的同时，许多困惑和挑战也摆在我们面前。我们要有勇气克服我国的教育积弊，但同时也要有勇气维护我国教育的优良传统，在国际比较中找准我国教育的定位。我们要认真学习与借鉴其他国家教育的先进理念、先进体制、先进内容、先进方法和先进技术，但又必须认真总结我国过去和现在的教育经验。那种全盘否定中国教育传统，忽视我国传统教育经验中的宝贵资源，完全照搬别国教育模式的做法是不可取的。在这方面，我们要特别防止教育改革决策的简单化和盲目性。

2013 年 9 月 9 日，习近平总书记向全国广大教师致慰问信，他希望广大教师牢固树立改革创新的意识，踊跃投身教育创新实践，为发展具有中国特色、世界水平的现代教育做出贡献。这明确指出了我国教育改革的方向：既要有"世界水平"，又要有"中国特色"。我想，这应该成为我们全体教育工作者奋斗的目标。

（原载《中小学管理》2013 年第 11 期）

## 琐忆拾零

最近，中小学语文教学的问题引起各方面的重视。我在大学不是学中文的，但在 30 多年前，曾教过多年语文，即使担任中学校长后，也还兼授高三一个班的语文课，后来实在太忙，就每周为学生上两节写作课。

直到现在，那些年的教学记忆还是会常常闪过脑海。

一次，我在课堂上展示了一幅水墨画，画面上是小竹楼里的宿舍，窗外竹影摇曳，墙上挂着一盏矿灯、一顶矿工帽，一位穿着民族服装的姑娘，正试穿一件新的工作服，脸上洋溢着幸福的笑容。我请学生们思考这幅画表现了什么主题，大家讨论得十分热烈。有的同学观察得十分细致：画面是个竹楼，说明是在南方；墙上挂着矿灯、矿工帽，说明这里是煤矿，而当时我国的煤矿主要分布在北方，所以，这幅画是有深刻意义的，体现了我国正在改变"北煤南运"的格局。这节课给学生们留下很深的印象，因为他们确实体会到，有表现力的作品，主题一定是深刻的，而手法却往往是简洁的，于细微处见精神。

上课时，我习惯于最后在黑板上留下结构完整的板书作为总结。

但有一次，我突然请一位同学到讲台前，把黑板擦干净。这位同学有些不知所措，其他同学也觉得出乎意料，都注视着他。当他带着一种莫名其妙的神情擦完黑板回到座位后，我才说：我们今天就以刚才这件事为例，练习一下写作中的动作分解与细致描写。大家这才恍然大悟。学生们饶有兴致地将刚才那位同学动作的全过程分解为一个个连续动作，并且分析哪些动作是表现行为的，哪些动作是反映心情变化的，最后将其写下来。后来，学生们特别注意提高自己的观察能力，做了许多分解动作与细致描写的练习，不再只用简单的形容词描述人和物，这样，写文章就生动多了。

很多学生都喜欢在记叙文或散文中加入大段的景物描写，但有些描写脱离文章主题，显得很生硬。针对这个问题，我给他们读了马克·吐温在小说中的一大段写景文字，请他们分析。有的同学说写得太长，有的同学说写得很美。我告诉大家，其实，马克·吐温是在做一个试验。他在这段景物描写中，用了一个好似小鸟名字的词，说它停在电线杆上，而实际上，这个词的本义是墨水壶。小说出版了好几年，竟然没有一个人对这句根本不通的话提出质疑。马克·吐温说，这说明，大多数读者在遇到大段的景物描写时会跳过去。所以，千万不要在文章里随意塞进一些与主题无关的景物描写，那样只会画蛇添足。

我曾把几十部长篇小说和几十篇短篇小说的开头段落摘录下来，印发给学生们，请他们分头去读原著，然后对开头段落在全文中的作用进行分析。我还在课堂上组织学生共同欣赏许多精彩的开头片段，并就文章开头写法的分类、意义、作用等展开讨论。之后，我出题目，大家只进行开头段落的写作练习。写好后，我和学生一起对每位同学所写的不同的开头段落进行评论，以加深认识。最后留的作业是：每位同学自己命题，写一个开头段落。

为了让学生学会不同的表现手法，我以托尔斯泰的《安娜·卡列尼娜》为例，请他们对原著和后来改编的电影进行比较。这部小说描写的是安娜·卡列尼娜与沃伦斯基的情感悲剧，而他们的第一次见面是这一悲剧的序幕。书中写安娜和沃伦斯基的母亲同乘火车来到彼得堡，沃伦斯基去接母亲，等火车停稳，他来到母亲的车厢，在那里初次见到安娜。这为以后故事的发展做了铺垫。小说出版后，苏联、美国先后将这部作品搬上银幕，但电影与原著的处理手法很不相同。如美国电影改为：当沃伦斯基跑向火车车门时，车已停住，但车头喷出的水雾遮住车门，他只好等在那里。待白雾散尽，他抬头望去，车门处，安娜·卡列尼娜亭亭玉立，宛若女神。我请学生从作者和改编者的意图等角度，分析不同的处理手法所起的作用。

这些都是几十年前的往事了，现在的语文教学早已突破了传统的模式，达到了更高的水平。但我深信，语文教学作为提高学生文学素养和培养审美情趣的重要载体，其作用只会被加强，不会被削弱。

（原载《中小学管理》2014 年第 1 期）

## "翻转课堂"与"生成课程"

最近，一位校长对我说，他们高中将要进行"翻转课堂"教学模式实验。我问他怎么"翻转"？他说：现在上面要求减少课外作业，而且教育行政部门还经常检查，可是学生不做练习怎么应对高考？所以，他们就想让学生课下自学教材，课上腾出时间多做练习。我听了以后，深感如果教育目标不变，那么任何教学模式的改革，都可能难以达到其创新的初衷。

2007 年，美国科罗拉多州一所高中的化学老师在课堂上采用"翻转课堂"教学模式，并推动这个模式在美国中小学的应用。我认为，"翻转课堂"是与"生成课程"理念相呼应的对学生学习过程的一种重构。

"生成课程"（emergent curriculum），也称"呼应课程"，是美国太平洋橡树学院贝蒂·琼斯（Betty Jones）提出的。它是针对传统的预设课程而进行的改革，这种改革从根本上说源于教学理念的改变。

以传授知识为目标的传统的教学模式必然是预设的。教学目标是向学生传授知识，或者使学生掌握必要的技能；教学内容依据规定的课程标准或者教材确定；教学方法的起点和归宿都是实现这一规定性的目标；对教学效果的评估也主要是检验所预设的教学目标的达成度。

这种教学模式之所以在相当长的时间里存在，是由于过去我们获取知识需要很长的时间和很多的积累；一个人积累知识的多少在很大程度上决定着他的社会价值，所谓"学富五车"就是仓储式学习的结果。随着教学改革的不断深入，这种预设的教学过程也在发生改变，如启发式教学、小步式自学的尝试等，但从根本上说，这些旨在培养学生能力的教学还难以彻底脱离预设的窠臼。

新一轮科技革命和产业变革的到来使我们面临新的挑战。一方面，知识爆炸，使得知识不仅有量的增加，而且更新速度大大加快，同时知识的交融不断促进新学科的产生，我们再也不能单纯地以一个人固有的知识来评价他所发挥的作用。另一方面，信息技术使得人们随时可以在云端调取自己需要的知识，储存知识已经不是学习的主要目的。在这种背景下，让学生掌握获取知识的方法，具有发现问题、积极探究、寻求解决问题途径的创新精神和创新能力，成为最重要的教学目标。

"生成课程"正是在这样的背景下出现的。它特别注重课程的创造品质和生成品质，强调课程应该是在教师、学生、教材、环境等多种因素的持续相互作用中动态生长的建构性课程。它把课程的"既定的"目标变成"将成的"目标，课程成为师生展现与创造生命意义的动态生成的生活过程，而不是单纯的认识活动。在课堂教学中，学生对已知的结论性知识的掌握已经不是主要目的，教材成为学生迸发思想火花的资源，课堂成为学生体验生命意义、实现自我超越，从而为自我的持续发展奠定基础的阵地。在这里，科学精神与人文精神达到和谐与统一。

"生成课程"的理念在"翻转课堂"的实践中得到了生动的体现。学生的学习过程通常由两个阶段组成：第一个阶段是接受教师的"知识传递"，第二个阶段是"知识内化"。在传统的教学模式中，接受教师的"知识传递"是在课堂上进行的，而"知识内化"是在课外通过作业练习完成的。"翻转课堂"对这一传统模式进行了"翻转"——知识的获得由学生在课下完成，他们通过使用信息技术或者阅读文本教材自行学习，教师可以通过提供短小的视频、对特定的问题进行有针对性的讲解、在线辅导等，从而为学生提供帮助；而"知识内化"则是在课堂上通过互动来完成的，教师通过了解学生的学习困难，给予有效辅导，同时通过组织多主体、多层面的相互交流，促进知识的吸收与内化。这样，课堂这一教学主阵地的功能就发生了改变：它主要不是用来获取知识，而是促进知识的内化和应用。课堂不再是预设的过程，而是生成的过程。

由此我想到，我们在教学改革中借鉴国外的经验是十分必要的，但任何新的模式都可能是一把"双刃剑"。我们应重在理解其基本内涵与精神实质，而不只是其外在形式。

（原载《中小学管理》2014 年第 4 期）

# 且行且思·且思且行

最近，我连续几次参加北京市"遨游计划"课程改革成果展示与研讨活动，欣喜地看到我国课改取得的令人振奋的进展。

"遨游计划"是北京市教委为促进学校课程结构创新而进行的一项实验。北京市的 48 所实验学校充分利用课程自主权，在课程管理、培养模式、教学方式、学习方式等领域积极探索，形成了"课程排课自主、课程目标自主、课程内容自主、课程评价自主、课程主体自主、课程实施自主"的创新模式。

这些学校的展示确实令人耳目一新，无论是课程的整体构建，还是专题设计，无论是课堂教学，还是课外活动，无论是校长的系统介绍，还是专家们的深入研讨，都呈现出一派生机勃勃的景象。

课程问题是学校建设的根本问题。近年来，课程改革已成为世界各国教育改革的最大关注点，也成为教育改革理论与实践争论的焦点，围绕课程的定位、价值取向、目标、结构、实施及评价等问题，人们进行了诸多的探讨。

2015年9月，联合国教科文组织国际教育局发表了一份工作报告：《处于争论和教育改革中的课程问题——为21世纪的课程议题做准备》（以下简称《报告》），总结了近年来国际上有关课程争论的总体认同，勾画了新世纪课程改革的发展轮廓。虽然我国的课改与国际课改并不完全同步，但这份文件依然可以为我们提供可贵的借鉴。

中小学的课程定位，传统上是由学科专家、教学论专家、教科书编写者、评估测试专家等进行设计和规划的，因此，它是专业性很强的技术性工作。而《报告》则指出，现在，课程已经由单纯的技术转变为推动国家和教育发展的必不可少的工具，对实现教育的总体目标起着极大的推动作用。在传统观念下，课程在育人方面所能发挥的作用很小，而现在，推动课程建设已经成为政策讨论的议题。这进一步突出了课程在学校教育中的地位，强调了课程是学校为实现培养目标而选择的教育内容及其进程的总和，是实现教育目标的载体。

这样的课程定位给课程的概念赋予了新意。外国朋友常问我，为什么你们把"情感、态度与价值观"放在三维目标的最后？我常笑答：这就和我们到剧院看戏一样，中国把最重要的剧目都放在最后。《报告》指出，课程应当明确体现本国的教育目标，兼顾社会与个人发展的需求，清晰地将教育目标和学生发展目标表述出来；课程应当是社会广泛参与、集体设计建构的产物，各利益相关者需要全方位参与其中；课程作为教育系统中的重要组成部分，要为教育政策提供支持；课程应当对教育改革发挥作用，通过课程改革，推动学习变革的进程，推动教师角色的逐步转变。这就将课程的概念界定为教育目标的体现、社会集体建构的产物、教育政策的支撑和教育改革的动力。

《报告》在总结近年来有关争论的基础上，对课程发展的趋势做了概括。

其一，培养能力成为课程改革的主题。这种能力包括价值选择、沟通交流、与人合作、批判性思考、问题解决、创造力等。无论是美国的"21世纪学习框架"，还是新加坡的"21世纪技能框架"，能力的概念都已被大大扩展，相当于我国提出的综合素质或核心素养。这种能力培养在许多国家的课改方案中都被加以强调。

其二，教与学应齐头并进。在过去 20 年间，教育争议的焦点从"教学"逐渐转变为"学习"，学习者被置于中心地位。过去被忽视的"双基"以外的其他维度的教育得到重视，如培养学生解决问题的能力、创造的能力，教育学生理解和尊重人权、认识文化的多样性、学会终身学习与合作等。

其三，要加强课程框架的整体设计。过去，各学段之间存在教育主题、教学方式、学习环境和课程设置上的分裂，这使得整个教育体系被割裂，也使学生从一个学段过渡到另一个学段时倍感艰难，因此要加强课程框架的整体设计。

其四，要重视多样性、个性化以及包容性教育。OECD 在总结2012 年 PISA 成绩优秀的国家和地区的经验时，提出教育成功的标准。他们认为，一个国家的教育成功不仅要满足教育卓越的标准，还要满足教育公平和教育包容的标准，以充分体现教育"社会补偿器"的作用。也就是说，我们不仅要有好的总成绩——卓越度，还应当使贫困家庭或弱势群体家庭的学生有好的成绩——公平度，同时还要使学习困难学生的成绩有较大幅度的提高——包容度。

其五，推进教育信息化，建设数字化时代的课程，提高教师的信息素养。

其六，将课程与评估有机结合起来，以评估推动课程建设。

在读到这份《报告》时，北京市"遨游计划"展示现场那一幅幅生动的画面不断浮现在我的眼前。我深感，我们的改革正在实现《报告》中所展望的未来。北京市第一六六中学在总结学校教改的进程时用了一句话——"且行且思，且思且行"。我想，在行与思的结合中，我们的课程改革一定会走在世界的前列。

（原载《中小学管理》2015 年第 12 期）

# 优秀传统与时代精神的结合

深化教育改革，提高教育质量，已经成为当前我国乃至世界各国教育的主题。而课程问题，是提高教育质量的关键问题，也是学校建设的根本问题。传统的课程体系已经深深植根于现代学校的土壤之中，因此，课程改革已成为世界各国教育改革的最大关注点，也成为教育改革理论与实践争论的焦点。

2015 年 9 月 19 日，联合国教科文组织国际教育局公布了关于课程问题的工作报告，题为"处于争论和教育改革中的课程问题——为 21 世纪课程议题做准备"，总结了近年来关于课程问题的争论，并概括了课程改革的发展趋势。我国也正在加快推进以学科核心素养为主线的课程改革。

人大附中近年来在课程建设上一直走在基础教育战线的前列，进行了有益的探索，在国家课程体系的基础上，形成了具有特色的学校课程体系，并在教学实践中取得了明显成效，为我国和国际课程改革提供了可贵的借鉴。

一是课程定位。在传统观念下，课程只是学校教育的一个部分，是知识性和技术性问题，在培育人格功能上所能发挥的作用很小。然而人大附中对课程的探讨已经打破传统观念的禁锢，超越技术层面，推动课程成为学校教育的主线，明确了课程对实现教育的总体目标所起的极大推动作用。这样就拓展了传统的课程概念，将学校全部教育活动纳入课程之中，从而扩大了课程的外延，丰富了课程的内涵，破除了教育与教学、课内与课外的二元论。

二是课程理念。在传统观念下，教育单纯为经济发展服务，单纯为人力资源的积累服务，从而强化了其培养工具的功能，强化了教育的标准化。而人大附中则突出了教育的人文主义本质，从标准化转向"创造适合每一个学生发展的教育"。在这种教育理念指导下，人大附中的教育有两个明显特点：第一是面向未来。即学校以促进学生的未来发展和终身发展作为课程改革的出发点和落脚点，通过优化课程结构，更新课程内容，增强课程的时代性、创新性，使学生成为面向未来的优秀人才。第二是走向个性化，即学校的课程改革遵循学生的成长规律，尊重学生的个体差异，尊重个性、挖掘潜力，为学生提供多样化、多层次、多选择的课程资源，为每个学生成就人生梦想搭建平台。

三是课程特点。在新课程理念的引导下，当代世界课程改革的共同趋势是强化价值导向，注重能力培养，尊重个性发展，加大开放力度。其中能力的概念是宽泛的，包括价值选择、沟通交流、与人合作、批判性思考、问题解决、创造力等。这种能力培养是由时代的要求决定的，在许多国家的课程改革方案里都被加以强调，大部分国家的方案都指出，只有拥有上述能力的人才可能在竞争激烈的社会中立足，拥有幸福生活。人大附中的课程改革正体现了这些特点。他们提出中学阶段既是为学生人生发展奠定基础的阶段，也是学生确定人生理想的重要阶段。学校的课程既要帮助学生脚踏实地夯实基础，又要指引他们仰望星空，树立远大理想。为此，人大附中在课程体系建设上突出了基础性、时代性、选择性、创新性和开放性，体现出了优秀传统和时代精神的完美结合。

四是课程结构。国际教育局在报告中指出：过去20年间，教育争议的焦点从"教学"逐渐转变为"学习"，将学习者置于中心地位。过去，基本知识与技能的获取得到了前所未有的重视，但学习的其他维度却被忽略了，同时报告指出，各学段之间存在主题、方式、学习环境和课程设置上的分裂，这使得教育体系被割裂，也使学生从一个学段过渡到另一个学段时倍感艰难，因此要加强整体设计，课程框架应当走向整体综合。人大附中不断总结和完善学校整体课程结构，逐步形成了以育人目标为主线的"一主线、三层次、五领域"学校课程结构。他们以立德树人和学校的学生培养目标——"全面发展＋突出特长＋创新精神＋高尚品德"为主线，进行课程规划和建设；将各类课程划分为面向全体、面向群体、面向个体的三个层次的基础课程、拓展课程和荣誉课程，既体现不同课程的性质与功能，又为不同学生的发展提供了多元化的选择机会；从学生发展和符合社会需求的角度出发，学校课程涵盖了"人文素养""科学素养""体艺健康""人际交往""国际交流"五大领域，既是国家课程、地方课程和校本课程的有机融合、相互补充，也为每个学生选择最适合自己学习的课程提供了充分的条件。

课程已经成为教育目标的具体体现，因其对培养人的重要性，受到政府和社会各界的高度关注，课程已经成为社会广泛参与、集体建构的产物。同时，课程改革既是教育改革的组成部分，又是教育改革的动力，推动着学习变革的进程，也推动着教师角色的逐步转变。人大附中课程改革的理论成果与实践经验值得我们学习和借鉴。

（原载《未来教育家》2016 年第 4 期）

# 第五辑 办好每一所学校

办好每一所学校，是提高教育质量的根本保证。因此，学区制和集团化的推进一定要不忘初心，那就是为了让每一所学校办得更好。要让优质学校取得改革理念和实践的新突破，要涌现更多新的优质学校，要使更多学校提升办学水平，要彻底改变基础薄弱学校的面貌。实际上也只有办好每一所学校，才是教育优质均衡发展和最终缓解择校矛盾的关键，才能让老百姓真正有获得感。

实事求是地讲，我们的教育研究和教育政策的制定，我们能够听到的媒体对教育的呼声，还是站在中产阶层的角度上多一些。要落实习总书记的要求，以人民为中心，更多地想群众之所想、急群众之所急、解群众之所困，我们需要站在更为广阔的大地上。

# 对现代学校制度建设几个问题的思考

现代学校制度建设是教育现代化的必然要求，是教育现代化的重要组成部分。

现在，我国的教育正在发生重大的变化：一是从扩大规模、提供更多的教育机会，向提高质量转变；二是从单一模式向多元模式发展转变；三是从政府管制向政府服务转变。教育事业发展的这些需要，呼唤我们建设现代学校制度。

当前我们面临的问题是，现行的学校制度仍是工业化时代的产物，难以适应后工业化时代和信息化时代教育事业发展的要求。比如，学校均衡发展水平有待提高；学校同质化现象明显，缺乏特色和活力；学校的主体地位与承担的责任不明确；学校内部法人治理结构不健全；学校相对封闭，社区和家长难以参与学校管理；学校管理的专业化水平亟待提高；学校问责机制不健全；管理烦琐，效率不高；等等。这些问题都需要我们通过建设现代学校制度加以解决。

建设现代学校制度就是要构建政府、学校、社会之间的新型关系。在此过程中，我们要抓住"依法办学、自主管理、民主监督、社会参与"四个关键点。这四点是《国家中长期教育改革和发展规划纲要（2010—2020 年）》（简称《规划纲要》）中概括的现代学校制度最鲜明的特点，也是现代学校制度与传统学校制度最大的差别。

## 一、依法办学

《规划纲要》指出："全面推进依法行政。各级政府要按照建设法治政府的要求，依法履行教育职责。探索教育行政执法体制机制改革，落实教育行政执法责任制"，"大力推进依法治校。学校要建立完善符合法律规定、体现自身特色的学校章程和制度，依法办学，从严治校，认真履行教育教学和管理职责。"所以，依法行政首先是政府要依法管理学校，同时，学校自身也需要依法治校，这样才能和谐。

我们所说的"和谐"主要有三个特点：一是具有同一性，即有对国家法律法规及相关规定的社会认同，大家都遵守同一个规则；二是具有包容性，即尊重差异，尊重多样性，和而不同；三是具有调适性，有化解矛盾、创造和谐氛围的机制与能力。其中，同一性是前提。对一个社会、一个国家而言，同一性体现为国家有一整套法律法规；对于学校而言，同一性体现为学校有自己的章程以及相应的规章制度。我们建设现代学校制度就是要树立全员法治观念，从领导到所有教师，都要有遵守法律和规则的意识。学校要有符合法律法规要求的明确、合理、具体的规则。进一步，要形成依照规则规范自身行为、处理问题的意识。再进一步，要把法律法规和规则真正落实在行动中，变成大家的一种习惯。最后，要把习惯延续下去，使其成为学校的传统。

## 二、自主管理

自主管理主要包括：落实与扩大学校的办学自主权，完善校长负责制，完善科学民主的决策机制。实施自主管理后，学校内部应该建立一个良好的治理结构。

1. 落实与扩大学校的办学自主权

《规划纲要》提出："落实和扩大学校办学自主权。政府及其部门要树立服务意识，改进管理方式，完善监管机制，减少和规范对学校的行政审批事项，依法保障学校充分行使办学自主权……""扩大普通高中及中等职业学校在办学模式、育人方式、资源配置、人事管理、合作办学、社区服务等方面的自主权。"

推进现代学校制度建设，首先是政府的事。政府要加快从管制型政府向服务型政府的转变。管制型政府的基本特征是：行政的命令化，行政的一统化，行政的经验化，行政的弱责化。而服务型政府的基本特征是：为人民服务，为社会服务，为公众服务。建设服务型政府，关键是要做到推进依法行政、加快简政放权、坚持科学决策、强化监督问责、培育社会组织。

从当前的情况看，改进行政管理，消除烦琐哲学，提高管理效能，创造学校自主管理的良好生态至关重要。应着力从减轻学校过重的压力、统筹相关工作、推进"精益管理"、正确引导舆论等几方面入手，改善学校自主管理的外部环境。

比如，应针对多头行政、缺乏统筹的弊端，积极推动教育综合改革，真正为学校"减负"。又如，现在我们一说加强管理，就是要增加部门、增加条件、增加环节，而日本丰田公司提出的"精益管理"理论则认为：只有消除一切不必要的环节，才能真正提高效率。再如，现在一些媒体的负面能量不小，政府应该引导形成正确的舆论导向，为学校的自主发展营造较为宽松的环境。

2. 进一步完善校长负责制

《规划纲要》提出："完善普通中小学和中等职业学校校长负责制。完善校长任职条件和任用办法。"

校长的专业发展是完善校长负责制的重要条件。校长是一种专业职业，其专业性体现在：校长必须具备一定的学历标准和教学经历，有必备的教育和管理知识，有必需的教育和管理能力，有职业道德的要求。因此，校长这个职业具有不可替代性。

美国主要从四个方面进行校长资格认证。一是职务要求。领导学校发展，收集信息，分析问题，做出决策，建立组织的远景目标，落实各项计划，选派组织人选。二是业务要求。完善教学和学习环境，设计课程体系，指导并促进学生发展，促进员工的发展，实施测量和评价，科学合理地分配资源。三是人际关系要求。激励学校的师生，具有人际关系的敏感性，有较好的口头表达和书面表达能力。四是其他相关要求。包括哲学思想和文化价值观、法律和法规的应用、处理公共关系等。

英国从决策、教学、组织、政治、业务五个方面对校长提出任职要求。

2012年3月，在纽约召开了第二届国际教师大会，会议取得的一个重要共识是：越来越多的国家要求学校取得更好的成绩，越来越多的国家在课程设计和资源管理方面给予学校更大的自主权。在此背景下，必须重新认识21世纪学校领导的职责：第一，关注、评估和提高教师的质量，这是高效率领导人的核心工作。第二，制定目标，进行评估和问责。第三，实施战略资源管理，使学校的资源真正用于提高教学质量。第四，学校领导的重要作用已扩大到校园之外，必须与其他学校、社区加强合作，分享资源，共同工作。第五，学校领导必须学会有效地分配权力，与其他相关人员共同承担任务、分担责任。

教师和学生是校长智慧成长的源泉，校长只有在促进师生发展与学校发展的过程中，才能使自身的智慧得到展现和提升，进而实现自我价值。我认为，在现代学校制度建设过程中，建设学习型组织是校长履行职责的重要途径。

建设学习型组织要重点做好以下几件事。

第一，建立学校发展的共同愿景。愿景不是远景，远景可能只是一个梦，而愿景是要具体提出在某一个时段内所能达到的目标，如三年或五年内学校要实现什么目标。校长的责任是把这个愿景变成师生的共识，用它来引领学校的发展。

第二，激发教育创新的高度热情。教育创新的过程就是自我超越的过程，就是"让今天比昨天更好"。同时，教育创新的过程也是在自我超越中不断解决结构性冲突的过程，亦即发现问题、解决问题的过程。

学校层面的教育创新，当然包括顶层设计的体制性创新，但更多的是"微创新"。"微创新"也是生产力，也能创造巨大的财富，也能带给我们很多启示，因此，学校要积极鼓励每一位教职工进行"微创新"，鼓励他们针对自己所遇到的问题，提出改革方案，大胆进行实验。只有这样，学校才能充满活力。

第三，提升教育智慧，改善思维模式。这要求教育工作者具备以下几种能力：一是校长、教师要具有敏锐的判别力。敏锐的判别力就是对教育活动生成与变化中出现的新形势、新动态具有敏锐感受和迅速判别的能力。二是具有适时把握力。适时把握力就是适时把握教育时机，选取适当的方式，应对矛盾与冲突的能力。我很欣赏海尔集团张瑞敏的"三只眼理论"——任何一个企业的发展都有三只眼，一只眼看市场需求，一只眼看内部建设，还有一只眼看政府的政策。因为这三方面都会发生很大的变化，所以只有三只眼都看，才有可能适时把握变化的形势，做出相应的决策。三是具有适应差异力。适应差异力就是从个体差异出发，创造适合所有人发展的教育的能力。四是具有整体驾驭力。整体驾驭力就是驾驭教育过程中相互依存又相互制约的诸多元素，实现整体优化的能力。无疑，我们面临着诸多的矛盾和挑战，因此我们要具备整体驾驭力。

第四，树立团队精神，提高团队水平。如此，学习型组织建设所产生的凝聚力才会使教育的总体效益大于教师个体效益的总和。

3. 完善科学民主决策机制

《规划纲要》指出："实行校务会议等管理制度，建立健全教职工代表大会制度，不断完善科学民主决策机制。"

建立健全教职工代表大会制度非常重要。这是学校民主管理的基本制度，也是教职工参与学校民主管理、民主监督的基本形式，甚至可以说是现代学校制度最重要的特点。只有健全这个制度，我们才能使民主决策在体制上得以落实。比如，北京市十一学校通过召开教职工代表大会，发挥教职工的集体智慧，从学校优秀的文化传统中提炼出"学校文化二十条"，这二十条成为学校文化建设的"根本大法"。我想，这样的教代会真正发挥了它的独特功能。这样建立在理念共识基础上的学校文化建设更容易落到实处。

## 三、民主监督

民主监督主要是建立与完善四个机制，即知情机制（校务公开等）、评议机制、互动机制、反馈机制。也就是说，除了教代会之外，我们平时也要有一系列较为健全的机制，以保障民主管理、民主监督的渠道畅通。其实，很多问题的症结都在于上下沟通不够、互不知情。如彼此不知情，就会出现很多猜测，最后导致矛盾激化。所以，建立健全相关的机制是十分必要的。

## 四、社会参与

联合国教科文组织非政府国际组织委员会主席安德拉斯·拉卡多

斯（Andras Lacados）说："真正限制我们的不是缺乏意愿，而是缺乏资源。"现在，我们必须以拓展学校教育资源为重要条件，推动现代学校制度建设。

要拓展学校教育资源，很关键的一个方面是建设好家长委员会。家长委员会是群众性的自治组织，是学校联系广大学生家长的桥梁和纽带。它代表全体家长参与学校的民主管理，支持和监督学校做好教育工作。它不是一个摆设，而是一种制度，是现代学校制度的重要组成部分。

比如，大连市西岗区在全区实行小班化教学（小学每班不超过 30 人，初中每班不超过 35 人），这样就出现了一个问题——"条子"怎么办？他们的办法是：家长委员会通不过，"条子"就不管用。他们之所以能这样做，是因为家长委员会的章程中有这样一条，调高班额必须经家长委员会通过。可见，这样的家长委员会是有实权的。

除此之外，我们还必须充分利用社会资源、国际资源，为学校发展服务。在当前形势下，具备多元灵活的、全方位的教育资源意识和资源整合能力，是实现学校特色发展的必然要求。因为每所学校的内部资源都是有限的，而现在家长和社会对教育质量的高要求与学校内部资源匮乏之间的矛盾、师生教学和学习需求旺盛与学校供给能力薄弱的矛盾，已经成为学校发展中重要的、基本的矛盾，所以学校必须放眼全球，建立一个广泛的教育资源系统，利用一切可以利用的资源，推动现代学校制度的建设。

英国伦敦里士满国际学校家长委员会组织的一次活动给我留下了很深的印象。本来我们是受邀去这所学校参观的，但我们进门的时候还是要每人交一英镑，因为这次活动的主要目的是家长委员会为学校筹款。我们进去一看，到处都是摊位，有卖食品、卖玩具、卖图书、卖花、卖首饰的，等等。我问站在一旁的校长："学校组织这个活动是不是很不容易？"校长说："这跟我没关系，所有活动都是家长委员会组织的，我的任务就是站在这里，等活动结束，他们把募集的钱交给我就可以了。"我感觉，这些家长的参与意识非常强，他们都把办好学校看成自己的事。所以，如果我们树立了多元开放的资源意识，学校就等于有了一个望远镜，可以在全世界范围内找到自身可以利用的资源。

（原载《中小学管理》2013 年第 10 期）

# 面对未来的世界
## ——在 2016 年中法知名小学校长论坛闭幕式上的讲话

时间过得很快，一天来，我们共同享受了一段难忘的时光。深刻的前沿理念、多彩的教育实践，使小学教育改革在我们面前立体化了。

论坛研讨了课程改革的多种途径、信息技术应用的多种探索，给了我们许多启示，也引发了我们许多思考。相信对未来的小学教育改革，会提供新的借鉴。

当今时代存在着两个失衡：人与自然关系的失衡和人与人关系的失衡；又存在两个变化：一个是新一轮科技革命和产业变革的兴起，另一个是世界格局的改变，包括经济的全球化、政治的多极化，当然还有由于互联网的发展产生的世界扁平化。这一切既对人类提出了严峻的挑战，也为人类发展提供了机遇。去年联合国举行的可持续发展峰会上通过了《2030 年可持续发展议程》，各国政府为迎接这一挑战达成了共识。这是一个关系人类命运共同体未来的重要共识。在 17 项目标中，包含了教育目标。但教育不仅是一项目标，也是实现所有可持续发展目标的途径。所以改革传统教育不适应未来发展的部分，就成为重要的课题。

这次论坛双方就许多问题进行了研讨。如，学校规模问题、校长作用问题、教师多学科任课问题、特殊教育问题、环保教育问题、幼儿教育问题、个性化教育问题、外语教学问题等。还听取了关于校长培训和关于教育信息化的专题报告，双方都收获良多。

我想，这次论坛取得的最大共识就是小学教育的改革必须坚持其总体目标，那就是面对未来的世界，要为人的一生奠定良好的发展基础，特别是正确处理知识和技能的掌握与学生核心素养培养的关系。

正如法国哲学家、教育家让-雅克·卢梭在《爱弥儿》中所说，问题不在于他学到的是什么样的知识，而在于他所学的知识要有用处。他还说，问题不在于教他各种学问，而在于培养他有爱好学问的兴趣，而且在这种兴趣充分成长起来的时候，教他以研究学问的方法。

中国当代著名教育家叶澜教授提出基础教育的使命可以概括为"三底"："底线"（baseline）、"底色"（background）和"底蕴"（innerqualities）。我想这应该是基础教育的总体目标：一是"底线"，那就是懂得并且遵循做人、做事必须有的准则，就是如何对待自己，对待他人，对待社会，对待自然，就是道德和良知。二是"底色"，生命的底色应该是明亮温暖的，充满阳光、自信和活力，也就是有健康的身体和心理。三是"底蕴"，就是学生借助所学的文化知识形成的学习能力、思维能力、创造能力。

基础知识和基本技能当然是重要的，在过去的年代里，有了这些就可以应对生产和生活的基本需求。但是现在，科技不断进步，产业发生变革，知识更新速度加快，社会矛盾加剧，凸显出人格的养成比现有知识的掌握更为重要。学生通过学习知识和技能的过程有了道德、自信、能力和身心素质，这将是既服务社会需求，又适应个体发展的宝贵财富。

因此，围绕基础教育的总体目标，学校教育改革的基本形式——课程的改革，就提到了重要的日程上来。课程问题，是学校建设的根本问题，也是关系到教育质量的关键问题。传统的课程体系已经深深植根于现代学校的土壤之中。近年来，课程改革已成为世界各国教育改革的最大关注点，也成为教育改革理论与实践争论的焦点，集中围绕着课程的定位、价值取向、目标、构建、实施和评价以及与课程实施密切相关的教师队伍的建设。课程已不再是简单的技术问题，而是国家和教育发展必不可少的工具。在传统观念下，课程在培育人格方面所能发挥的作用很小，然而现在课程应该对实现教育的总体目标起到重要的推动作用。

通过这次论坛，我们可以看出虽然中法两国当前的课程改革各具特色，但都是以提高人的整体素质为主旨，改革的指向都趋向于：强化价值导向，增进身心健康，注重能力培养，加强核心课程，扩大选修课程，开展综合活动，尊重个性发展，加强补偿教育。

大家的发言和研讨，极大地深化了我们对课程改革的认识，极大地拓宽了我们课改实践的视野。

教育的信息化既是当前教育改革的热点，也是这次论坛研讨的重点之一。

信息时代的到来，对人类提出了新的挑战。掌握信息技术水平的差距，会扩大国家、民族、地区、人群之间的贫富差距，从而形成"数字鸿沟"。"第一条数字鸿沟"来自接触计算机的机会，"第二条数字鸿沟"则来自应用ICT工具的能力。因此，减少数字化技能的不平等，既是促进教育公平的重要途径，也是提高教育质量的重要内容。

当前，教育的信息化包含三方面的任务：一是提高学生的信息素养，包括信息认识、信息思维、信息能力、信息道德，还包括警惕互联网可能产生的负面影响，使学生成为互联网服务和数字媒体的批判消费者，成为信息时代和智能社会的主人。新加坡提出建设智能国家的目标，甚至提出应该让10岁的孩子可以进行无人飞机设计的编程。二是运用信息技术改进教学，实现信息技术与教学的融合，以促进优质教育资源的共享和个性化学习、合作化学习，从而提高教育质量。三是培养学生的创造能力，正在兴起的创客教室将互联网、3D打印、虚拟现实（VR）以及增强现实（AR）结合在一起，搭建起一个智能平台，为学生提供体验、探究和创造的空间，从小培养学生的创新精神和能力。当然还可能包括对未来学校的研究。

教育信息化是教育现代化的重要标志之一。面对信息时代的挑战，加强教育信息化的研究，不断提高教育技术的开发水平，不断探索教育信息化的有效途径，不断解决教育信息化过程中产生的问题和消除其间产生的疑虑，不断加强教育信息化的国际交流，是当前的迫切任务。当然，技术可以放大杰出的教学，但是再伟大的技术也不可能代替平庸的教学。所以，面对信息时代的挑战，突破教师对传统教育技术的习惯性保护，提升教师的信息素养就至关重要，教师应该在信息技术整合教学方面成为创新的先行者。

居里夫人说过，为公众的幸福工作的人，不论在哪个部门，都不能被国界所隔断，他们的劳动成果并不只属于一个国家，而是属于整个人类。我想，中法两国的知名小学校长，都有着丰富的办学经验，都创造过成功的教育业绩，大家的贡献同样属于人类，最后祝贺论坛取得了圆满成功！

（原载 2016 年 7 月 1 日腾讯教育网）

# 让学校充满活力

今后，美国 43 个州和部分地区的中小学教育将不再受《不让一个孩子掉队法》的限制，这一信息的确令人深思。2001 年，布什总统宣布实行《不让一个孩子掉队法》，到 2008 年 1 月他做最后一次总统国情咨文演讲，都充分肯定了此法对提高学生学习质量的作用。不过几年光景，这部法律就已经失去生命力。其实，这项改革并不是没有可取之处，它针对美国中小学生学习质量较低的问题，提出提高教育质量的目标，而且采取了一系列措施，有很强的针对性。但现在看来，如果单纯追求一个时间点上的效果，而不重视其可能产生的负面影响，并有防止随着时间推移可能发生变化的预案，那么改革往往难以取得预期的效果。美国的《不让一个孩子掉队法》的推行如此，日本的"宽松教育"改革亦如此。

世界上许多国家教育改革共同的特点即政府主导，问题引领，而且大多由于矛盾错综而推进艰难。应当说，改革的决策都会随时间的推移发生变化，任何一项改革方案都不可能永远保持积极的、正面的效应，很多决策甚至可能在一定的时间段后由于矛盾的转化而产生负面作用。这就要求我们增强改革决策的科学性。这种科学性不仅应体现为决策实施的时间点上的科学性，而且应体现为在顶层设计时尽量减少可能产生的随时间推移发生变化带来的改革的短期效应。

美国《不让一个孩子掉队法》以及日本"宽松教育"的尴尬处境固然是由多种因素造成的，但我认为，顶层设计忽视了教育改革最终要使基层，特别是使学校充满活力的目的，是其失败的重要原因之一。如《不让一个孩子掉队法》为了督促学校和教师加大提高学生学业成绩的力度，采取了区域标准化统一考试，且将成绩与学校和教师的绩效甚至工资挂钩的政策，从而使美国基础教育多元、开放、尊重学生个性发展等传统受到了束缚，将学校捆绑在追求几个统考科目的应试成绩的战车上。这在一时可能对提高学生的考试成绩有作用，但长远来看，学校自主发展的活力会逐渐丧失。

这给我们的启示是，教育改革的顶层设计和实施，必须防止学校领导和教师因产生职业困惑和职业倦怠而失去活力。

学校领导和教师职业困惑的产生，常常是由于我们制定的政策或者措施缺乏逻辑统一性。我们提出了改革的目标，但是与现实脱节，而所采取的措施，又与目标的实现脱节。比如，有时，由于措施是由不同的部门制定的，所以，措施与措施之间相互冲突。而更为常见的情况是，我们实际遵循的评价标准与确立的目标相背离。比如，我们要求学校全面推进素质教育，但是对学校的评价采用的却依然是单一或者片面的指标。这样，学校就会处于两难境地，难以充分发挥主动性与创造性，朝着统一的目标稳步推进改革。此外，我们常常讲"要做什么"，而没有讲清"为什么要这样做""这样做有什么好处""应当避免出现什么问题"。这样，基层就很容易因缺乏对改革意义的深刻理解、对改革措施的全面把握、对改革风险的充分警觉和对改革评价的充分信任而产生困惑。

职业倦怠的产生固然有基层从业人员自身的原因，但也不可忽视我们改革设计与实施中缺乏统筹和整合等因素。教育是系统工程，我们将这个复杂的体系分解为若干不同的部分加以研究，不失为使"复杂"化为"简单"的一种方法，但如果我们忽视了这些部分之间的相互联系，就容易使相关决策互不协调；再加上政策往往由不同的部门制定，就更容易造成碰撞。现在，基层学校要面对教育内部和外部的多头领导，不同部门都向学校布置任务、提出要求、制定评价指标、进行检查评比，并且都要求学校主要领导直接负责，这样就造成"上边千条线，下边一根针"的现象，学校只能忙于应付，而难以将主要精力用于教育研究和推进学校教育教学改革。不少校长常常说，谈了这么多年简政放权，现在反而有"政更繁、权更少"的感觉。一些校长的倦怠情绪由此滋生。

教职工的职业困惑与职业倦怠是影响学校健康发展和教育改革顺利推进的阻力，必须引起我们的高度重视。因此，在做教育改革的顶层设计时加强统筹，保持对学校改革的目标、措施、要求和评价的统一性，减少对学校的多头领导，切实简政放权，使学校真正充满自主发展的活力，成为具有创造性的实体，是当前教育改革进入攻坚阶段需要解决的重要课题。

（原载《中小学管理》2014 年第 8 期）


# 对试行学区制的几点思考


为了促进教育公平，各地试行了多种形式的学区化管理模式。这是一种充分发挥优质教育资源的辐射作用、缓解因择校而产生的诸多矛盾的有益探索。

其实，学区制管理曾在我国实行过多年，但那时的学区主要是作为教育行政部门对基础教育特别是对小学进行管理的一个层级。在城市地区，主要是由学区的行政机构或者党组织进行管理，管理机构有的设在街道的管委会，有的设在中心校；农村地区大部分是在乡镇设立管理机构，或者由学区内的中心校管理村小。后来，为了精简机构、减少层级、扩大学校的办学自主权，不少地区逐渐淡化了学区这一管理层级，有的将其取消，有的由中心校校长代行学区管理职能。21 世纪初，部分地区又进行了新的学区化实验。比如，北京东城区将区域内的所有中小学组成学区，学区内各校优势互补、资源共享。其实质是一种校际联盟。有的联盟设牵头学校，有的联盟由成员校轮流担任召集人，学区内没有专门的管理机构。

现在重提学区化，主要是为了逐步实现小升初规范化，以缓解由择校产生的诸多矛盾。同时，通过学区内的校际合作与教师交流，促进学校均衡发展。一般的做法是：首先在划分学区时充分考虑各学区之间教育资源的均衡，特别是优质中小学的分布要相对合理；然后，将学区服务的地域范围固化；学区内小学划片就近入学，小升初时，或者小学与初中直接对口招生，或者在学区内实行电脑派位；与此同时，学区内可实行资源统筹使用，教师分批流动，进而形成学区制度与文化的相对统一。

从目前各地制定的方案看，学区化管理有三个难点：一是学区划分难以均衡；二是学区职能难以界定；三是学区管理难以开放。

由于历史原因优质教育资源并不是按地域均衡分布的，因此，学区划分难以与地域划分保持完全均衡。这样就难以满足某些群众对不在其所属学区的优质名校的教育需求。如果再有辖区内单位的干扰，则学区划分的难度就会更大。因此，在划分学区时，对相对薄弱的学区，应当给予适度的政策倾斜，以加大投入力度，勾画发展远景，平衡公众心理。

对学区职能的研究应当引起我们的高度重视。如果学区只是作为就近入学的范围界定，那么，只要它长期保持稳定，就会有助于学区内中小学的优质均衡发展。但如果我们赋予学区更多的职能，甚至使其成为一个新的管理层级，则需要防止走机构重叠的老路。一方面，学区没有，也不应该再增加相应的编制；另一方面，要避免学区与地区教委行政管理功能重叠、与挂牌督导职责交叉。最近，北京东城区探索由教委各主要负责同志担任各学区的管委会主任，并将中教科、小教科和相关处室合并为学区管理与服务机构，从而实现管理的扁平化。我想，这是一种有益的尝试。

美国不少州的学区内的学校，都是用本学区内的房产税或其他税收的一部分资金或全部资金来举办的，因此，其归属性很强。就近入学自不必说，学校与社区的关系也非常密切。这使我想到最近一些同志常谈到的一个问题：前些年，我们倡导人民教育人民办的时候，各地办学热情高涨，大家以办学为荣。其实那时的办学条件并不好，但人民群众对教育却很满意。现在，政府加大了教育投入，学校面貌发生了改变，教师水平不断提高，教育取得了令世人瞩目的成就，可人民却不像以前那样满意了。我想，这一方面是因为人民对教育的要求高了；另一方面是因为人民对国家以及地区间的横向比较多了；还因为（这是很重要的一点）人民参与举办教育、发展教育的机会少了。所以，办人民满意的教育不能只是人民教育政府办，一定要尊重人民的参与权。同样，学区化管理作为一项改革，要想让人民满意，就必须高度重视人民的参与。要建立学校、社区、家长共同协商以及共同决策与管理的机制。如果学区化管理只在教育系统内部运行，那么恐怕仍难以让人民满意。建立学校、社区、家长共同参加的学区管委会或者联席会议，听取学区发展汇报，讨论学区工作规划，组织社区群众和家长支持学校发展、担任学校的辅导员和志愿者，等等，使学区与社区、家长融为一体，应当成为学区化体制建设的新亮点。

《中共中央关于全面深化改革若干重大问题的决定》提出"试行学区制"。我们相信，这不仅有助于推动招生制度改革，也有助于深化教育管理体制改革。

（原载《中小学管理》2014 年第 3 期）

## 关于集团化办学的思考

改革开放以来，我国基础教育领域的集团化办学大致经历了这样一个过程：首先出现的是职业教育集团。20 多年前，为了促进职业教育与行业、企业的紧密结合，一些地区开始出现由行业、企业和学校共同组建的职业教育集团。而后，民办教育集团开始出现。这种集团有两种类型，一种是同一举办者在同一地区或不同地区举办多所学校，以集团形式进行管理；另一种是同一举办者举办不同学段、不同类型的学校，如从学前教育到高等教育，或者从普通教育到职业教育，也采取集团形式进行管理。再后来，一些地区为了推进义务教育均衡发展，开始进行公办学校集团化办学的探索。现在，集团化办学又进入了一个新的阶段。不少地区开始将其作为促进基础教育优质均衡发展、缓解择校热的一种办学体制改革。

试行学区制与集团化办学的总体目标是一致的，但两者又是有区别的两种模式。试行学区制是地区内教育行政治理结构改革的一种探索，而集团化办学则是地区内或跨地区的学校之间的一种合作形式。

从基础教育集团化办学已有的类型看，一种是同一地区内学校服务范围的划定与校际联合，另一种是跨地区的学校之间的联合。上述联合大多是各校保持独立的法人地位，但也有的是两所或几所学校共有一个法人代表。

当前基础教育领域集团化办学的特点是：（1）通过集团形式，使优质教育资源的辐射作用得以固化，有利于基础薄弱学校教育水平的提升。（2）使集团内的招生范围相对稳定，在就近入学的前提下，学生可以在集团内的学校适度流动，有利于缓解择校矛盾。（3）拓宽学校的教育视野，促进学校的优势互补，通过加强集团内的校际沟通，使信息交流渠道更加畅通，大家相互激励、相互促进。因此，集团化办学是在新形势下促进我国基础教育健康发展的有益探索。

根据已有经验，我认为，当前应加强对集团化办学的目标、方式以及文化问题的研究。

集团化办学的目标在于促进学校教育的优质均衡发展。这里值得注意的是，要处理好集团内学校之间的均衡发展与本集团和其他集团及其他地区之间均衡发展的关系。全面提高教育质量是集团化办学的首要目标。集团化不是将集团内的优质教育资源稀释，而是通过多种形式的合作，使集团内的优质学校在充分发挥辐射作用的同时，能够向新的高度攀升，并使集团的整体教育水平都能达到甚至超过原有优质学校的水平，进而实现不低于或高于其他集团和其他地区办学水平的目标，做到内外两个优质均衡发展。集团化办学是一种着眼于均衡发展而立足于提升质量的教育模式，高质量是集团化办学的生命。

集团化办学重在校际的联合，但这种联合绝不是将集团内的所有学校都冠以优质学校的名称或者都套上优质学校的光环，造成所有成员校都已优质的假象，给群众一种精神安慰。优质学校是集团化校际联合的核心，需要承担更多的组织协调的责任。因此，形成相对稳定的合作领域和工作程序，以使集团活动制度化，进而取得整体优化的实效，是集团化办学既不流于形式，又不影响正常的教育教学秩序的制度保证。一方面，集团不是一所大学校，不能事无巨细，都由集团统管。如果一位名校校长变成了一位大学校校长，那么，既不利于发挥其他成员校的积极性，也不利于其自身领导水平的提升。另一方面，集团的合作领域应当突出重点，应把促进各校教师专业发展、教育资源共享和开展教学研究作为主要任务，紧抓不放，不能有丝毫懈怠。

集团化办学需要优质教育资源的引领，这种引领首先体现在教育理念上。要把贯彻国家的教育方针、落实培养目标、服务于集团覆盖地区的群众作为指导思想和共识。同时，又不能让集团内的所有学校都完全按照优质学校的模式去办，要尊重各校的发展历史、周边环境和已形成的办学特色，从而使集团内的所有学校都实现共性与个性的有机结合，最终达到"大家不同，大家都好"的目标。我们必须看到，帮助基础薄弱学校形成办学特色是使其实现跨越式发展的重要途径。因此，应当形成一种集团文化，其核心是尊重——尊重每一所学校，尊重每一位校长，尊重每一位师生，尊重每一种教育创新，使集团成为和谐共生的大家庭。

办学模式的多样化为我国基础教育的发展带来了生机与活力，也为教育创新搭建了新的平台。我们相信，这项改革一定能取得令人振奋的成果。

（原载《中小学管理》2014 年第 5 期）

# 办好每一所学校

几年前，教育部委托专家组对我国义务教育均衡发展情况进行第三方评估，而后举行了新闻发布会请专家组公布评估报告，并让我对这个报告进行点评。我在点评中提到择校热得到一定程度的缓解。现场一位记者发言说，我们怎么没有感觉到缓解。当时正值习主席提出供给侧改革之际，我说教育也需要通过供给侧改革，提供更多的优质资源，才能使择校热真正得到缓解。由此我想到，群众的实际获得感来自所接触到的每一所学校的水平真正得到提升。

北京市在贯彻《中共中央关于全面深化改革若干重大问题的决定》的过程中，试行了学区制和集团化办学。通过试行学区制与集团化办学等多种举措，"办好每一所学校"确已取得重大进展。

推进学区制、集团化、九年一贯入学等一系列体制改革措施，主要针对基础教育存在的突出矛盾：学校办学水平差距较大，一批基础相对薄弱的学校的存在造成社会上的择校热，加之入学制度不够规范，更加剧了这种矛盾。

学区制与集团化办学的总体目标是一致的，都是通过学区或集团形式，使优质教育资源的辐射作用得以强化，拓宽学校的教育视野，促进学校间的资源共享，优势互补，有利于各类学校，特别是基础薄弱学校的教育水平的提升。

学区，有的地区叫片区，是以地区划分的，是以明确学生入学范围为基础的相对稳定的学校群。目前北京市部分区县试行的学区制总体上看虽然都是推进基本公共教育服务均等化的一项举措，但主要功能定位不尽相同。大多数侧重划定教育服务的责任区，以落实《中华人民共和国义务教育法》政府保证适龄少年儿童在户籍所在地就近入学的规定。有的还为了实现学区内的部分资源共享，形成学习共同体，为优质教育资源发挥辐射作用和学校优势互补提供平台。还有的试行了学区式管理，学区承担部分教委人事、财务和其他管理职能，包括开展以学区为单位的教研活动和学生教育活动等。

集团则不一定是以地区划分的学校联合体，相对灵活、相对多样，现在既有多个优质学校的联盟式的集团，也有以一个优质学校牵头的集团。集团既有一校多址，多个校区一个法人代表，实际可以看作一所学校的集团；又有集团成员校是独立法人的学校联合体。有的集团一体化，以同样的管理模式、学校文化、课程设置、教师培训来促进整体水平的提高；有的对成员校有共同要求，但又要求学校各具特色，通过各成员校特色发展改变面貌。还有一种集团是集团内九年一贯入学，这是目前比较稳妥的改革方式，由于家长对幼升小、小升初感到压力很大，所以只要集团内的中学比较好，家长很愿意将孩子送进相应的小学。

通过改革的推进，试行学区制和集团化办学取得了显著成效。除了明确划定了教育服务的责任区外，最重要的成果是一批基础薄弱学校改变了面貌，提高了社会声誉，赢得了社会的信任。同时，涌现出一批新优质学校，这批新优质学校已经达到或接近，甚至超过原有优质学校的办学水平，大幅度地扩大了优质教育资源。这就在相当程度上缓解了择校热。

究竟为什么要试行学区制、集团化？我想，学区和集团都不是教育的终端，学区和集团的领导并不是教育教学要求的实际落实者，教育机构的终端是学校、教师。教育是科学，更是艺术。秉承教育方针，遵循教育规律，遵守教育规范，落实课程要求，都要针对不同地区和不同学生的个性特点，学校和教师是学校教育活动的实际组织者，是教育改革从理念转化为实践的桥梁。因此，明确推行学区制、集团化，最终是为了办好每一所学校。

办好每一所学校，是提高教育质量的根本保证。因此，学区制和集团化的推进一定要不忘初心，那就是为了让每一所学校办得更好。要让优质学校取得改革理念和实践的新突破，要涌现更多新的优质学校，要使更多学校提升办学水平，要彻底改变基础薄弱学校的面貌。实际上也只有办好每一所学校，才是教育优质均衡发展和最终缓解择校矛盾的关键，才能让老百姓真正有获得感。

深化学区制和集团化改革，必须充分发挥学区和集团的既有优势，抓住为办好每一所学校服务这一主题，把主要精力、财力、物力放在办好每一所学校上，防止学区和集团功能异化。因此，首先，"精准扶弱"，有计划、有步骤地加强基础薄弱学校建设，并防止新的薄弱学校出现，应当是试行学区制和集团化办学的重点课题。

因此，教育行政主管部门应当对辖区内的教情做深入分析，究竟还有多少所基础相对薄弱的学校，这些学校主要存在的问题是什么，是办学条件、学校管理、教师队伍，还是学校文化。然后，制定一个到 2020 年改变基础薄弱学校落后状况的阶段性目标，每年重点扶持几所，争取数年后全面改观。学区和集团要制定规划，发挥体制和机制的优势，以实现这一阶段性目标为工作重点，做出新成绩，推出新典型，创造新经验。

因此，关注学区和集团的自身建设当然是必要的，但是归根结底，检验学区和集团成败的标准，应当是是否将学区和集团内的每一所学校办得更好。学区和集团的建设必须服务于这一目标。

（原载《中小学管理》2018 年第 2 期）


# 令人感动的攻坚之举


国家教育咨询委员会义务教育均衡发展工作组去辽宁省对大连市的十所学校和幼儿园进行调研。让我们感到欣喜的是，辽宁省规范办学行为、减轻学生过重课业负担的工作逐步走向深入，推进素质教育喜见成效，教育呈现出一派朝气蓬勃、欣欣向荣的景象。我们深深地为基础教育的难题正在这里破解而感动。

这些难点和热点问题的解决绝非易事，它的确是一项复杂的系统工程，辽宁省的做法带给我们许多启示。

第一是态度坚决，目标明确。对于办学行为不规范、学生课业负担过重这一普遍存在而又难于解决的问题，许多地区常常是不敢正视，不敢攻坚。我们还很少看到一个省的省委和政府专门为此发布文件。而中共辽宁省委办公厅、辽宁省人民政府办公厅在 2012 年 2 月就联合下发了《关于进一步规范中小学办学行为 减轻学生过重课业负担的意见》。文件强调了这一工作的重大意义，同时明确了推进这一工作的指导思想及工作目标。文件指出，要以"规范办学行为、优化教育环境、推进素质教育、建设教育强省"为宗旨，按照"省级统筹、政府主导、整体推进、标本兼治、强化督察、严肃问责"的原则，用三年左右的时间，基本实现中小学办学行为进一步规范、学生课业负担明显减轻、教师有偿补课现象得到有效遏制的目标，形成有利于学生生动活泼学习、健康快乐成长的良好环境。

第二是重点突出，机制健全。文件强调要解决几个特别突出的问题。比如，科学安排作息时间和作业量，严格控制学生在校学习时间，合理安排学生的学习和生活，坚决纠正随意侵占学生休息时间的做法，对书面家庭作业实行总量控制，等等。而且，要求各中小学严格规范教育教学活动，严格按照规定开齐课程、开足课时，坚决纠正随意加深课程难度、增减课程和课时、赶超教学进度的现象；不得挤占体育课、艺术课、团队活动和综合实践活动时间；不得占用学生法定节假日、午间休息和自习时间组织集体补课。辽宁省还严格规范考试管理，对初中升学考试、高中学业水平考试外其他形式的统一考试加以规范，严格控制考试科目和考试次数；严格规范学校层面的考试，考试内容要符合课程标准的要求，不得随意提升难度、增加考试次数；各级政府及有关部门、学校，不得以高考、中考升学率或考试成绩为标准，进行学校、班级的荣誉排名和相关奖惩，教师不得以考试成绩为标准，对学生进行排名和排座；严禁炒作中考、高考成绩；任何部门、学校和教师，都不得以任何方式公布考生的成绩、名次，以及中考、高考录取信息，或以任何方式炒作学校的升学人数、升学率及升入重点高中或重点大学的信息；各宣传媒体不得宣传炒作学校的升学率、升学考试平均成绩等，不得宣传炒作所谓的"中考状元""高考状元"及高分学生。

第三是统筹有方，监督有力。省委和省政府要求把规范中小学办学行为、减轻中小学生过重课业负担作为各级政府绩效考核的重要内容，建立考核机制和问责制度；主要领导负总责，分管领导具体负责，确保思想认识和措施落实到位；组织部门要把这一工作的情况列为干部考核的重要内容；宣传部门要加强舆论宣传，规范采访行为，防止不负责任的炒作和报道；纠风监察部门要监督有关部门认真履职，严查违规行为；各中小学校长作为学校减负工作的第一责任人，要以规范学校内部管理为重点，自觉纠正违规行为，形成依法办学、自我约束的发展机制；各有关部门要联合组织专项整治活动，对出现违规行为的部门、学校、教师及非学历教育培训机构，要依法责令改正，并对直接责任人实施严格的责任追究，给予解聘、取消晋级和评先资格等处罚，或给予行政处分；要大力宣传先进典型和成功经验；要加大对违规办学行为的曝光力度，引导家长、社会理解和支持规范办学行为。

在不少同志对教育的某些热点问题还停留在一方面义愤填膺、口诛笔伐，一方面又束手无策、无所作为的时候，辽宁省已经毅然跨出了迎接挑战的重要一步。这是实实在在的一步，又是关系教育事业前途命运的一步，我们在这里看到了信念，看到了担当，也看到了希望。

（原载《中小学管理》2013 年第 1 期）

# 倡导"零起点"教学

这是一个悖论——小学新生在幼儿园或者辅导班已经学了汉语拼音、识字、算术基本运算，甚至英语会话，如果老师再从头教起，那么很多孩子就会失去兴趣，甚至厌学。于是，小学在一年级不得不尽量简化教学计划中的内容，以较快的速度完成起始阶段的教学。

幼儿园孩子的家长看到小学一年级加快了教学进度，于是强烈要求幼儿园提前教授小学阶段的知识，或者索性为孩子报辅导班。于是，幼儿园教育小学化成为相当普遍的现象。

就这样，小学教育与幼儿园教育功能错位、相互干扰，造成难以解决的难题。

当然，这其中还有许多其他的因素。

一是部分小学为应对择校现实，不得不以面试或类似的办法作为选择学生的依据或托词；而面试往往是以上述基础知识和基本技能为主要考查内容，甚至还有更高的要求。于是，为了让孩子上好一点的学校，家长不得不让孩子超前学习，幼儿园也不得不提前进行教学。这是机制动力。

二是在相当长的一段时间里，一些早期智力开发理论在我国幼教界影响很大，部分幼儿园以此为办园的主导理念；而这种早期智力开发又往往以孩子认识多少字、会多少算术、学多少英语为目标。这为幼儿教育功能的异化披上了理论的外衣。这是理念动力。

三是部分幼儿园希望以特色创品牌，他们往往打着国学教育、双语教育等旗号，单纯在认知方面下功夫，忽视幼儿身心的全面发展。这是营销动力。

四是在一些地区，相当一部分幼儿教师是由小学教师转任的，这些教师习惯使用小学传统的教学方法；而学前班和小学在一起，基本依照小学的方式进行管理和教学，所以幼儿园小学化在所难免。这是习惯动力。

当然，说到底，这是"应试教育"层层下压带来的后果，彻底解决这个问题有较大难度。但为了孩子们的未来，为了祖国的未来，我们必须坚定不移地应对挑战，寻求突破。

在幼儿教育领域，为深入贯彻《国家中长期教育改革和发展规划纲要（2010—2020 年）》以及《国务院关于当前发展学前教育的若干意见》，教育部制定了《3—6 岁儿童学习与发展指南》（以下简称《指南》），明确了幼儿的学习与发展领域以及每个领域所包含的内容。《指南》指明了幼儿教育的发展方向，特别强调要关注幼儿学习与发展的整体性，尊重幼儿发展的个体差异，理解幼儿的学习方式和特点，重视幼儿学习品质的培养。

但是，由于受到上述多种因素的干扰，目前幼儿园在贯彻《指南》方面阻力重重。在此情况下，我们可以从改变小学教育，即改变幼儿园教育的"出口"要求入手，解决上述问题。最近我非常高兴地听到，上海市以及部分地区明确了小学一年级"零起点"教学的要求。这为问题的解决找到了一个很好的切入点。

"零起点"教学是指小学一年级一律按照教学计划规定的进度进行，将所有学生均视为"零起点"，所有课程的整体教学过程都从零开始，循序渐进，不迁就提前学习的学生。这样，过早在幼儿园或者辅导班进行"跨越式"学习的学生就可能得不偿失。使用这种"倒逼法"的目的是使小学教育和幼儿园教育都能回归自身的本位功能。当然，在过渡阶段，教师可以组织提前学习的孩子自行游戏或活动。

我想，小学"零起点"教学是尊重教育规律，促进孩子身心健康发展的重要举措。

20世纪60年代，美、日、苏等国在冷战和"知识爆炸"等因素的压力下，都遵循高、新、难等原则，推进中小学课程改革，教学内容逐级下放。尤其是美国心理学家布鲁纳关于儿童早期智力发展的观点，受到许多国家的重视；加强早期智力开发，成为美、苏、日、德等国教育改革的重要内容之一。在这种情形下，人们倾向于把早期教育片面理解为早期智力开发，导致智育中心主义盛行，忽视学前儿童社会性和情感的发展。

20世纪80年代以来，各国教育工作者都呼吁要尽快纠偏。1985年6月在日本召开的"日、美、欧幼儿教育与保育会议"的核心内容，就是倡导从"智育中心"转向幼儿个性的全面发展。人们意识到，各"育"之间是相互联系的，儿童社会性和情感的发展应被看作其智能发展的一个重要组成部分。

因此，采取措施，应对挑战，坚守小学教育的本位功能，坚守幼儿教育的核心价值——每个孩子都重要，每个孩子都健康，每个孩子都快乐，无疑是我们应当采取的积极态度。

（原载《中小学管理》2013年第10期）

# 直面"影子教育系统"

推进"减负"以后，课外辅导业的发展越来越引起各界的关注。其实，对课外辅导在整个教育体系中的作用，以及对课外辅导业的看法，国内外一直都存在不同的见解。

有的肯定。比如，澳大利亚《悉尼晨报》2013 年 12 月 7 日报道，世界上大部分有数学天赋的学生都来自课外辅导产业发达的国家。OECD 发布的 2012 年 PISA 结果显示，亚洲国家的课外辅导面非常广，学生参与课外辅导的比例是澳大利亚学生的两倍。中国上海 15 岁学生的数学水平相当于澳大利亚 18 岁学生的数学水平，大约 71% 的城市学生会参加课外数学辅导；而澳大利亚的这一比例只有 27%，明显低于 OECD38% 的平均水平。

有的质疑。比如，欧盟发布的报告说，整个欧洲大陆补习风盛行，虽然各国家长花费的补习费用不尽相同，但父母们拿出越来越多的钱，让孩子在国家规定的教育之外接受额外的教育，却是不争的事实。这样的趋势正在加剧欧洲教育的不平等，因为富有家庭的孩子更有条件接受额外补习，由此产生的分裂具有长远的社会意义。韩国总统朴槿惠 2013 年 2 月 25 日就职，5 月底就出台了"快乐学习·逐梦成长"的新教育政策。该政策强调，教科书应使学生爱不释手，使学生能自我阅读学习，不必另找参考书或私人补习。

不管上述看法如何不同，评价的对照物都是学校教育。所以，许多专家都把课外辅导业看成"影子教育系统"。

几个月前，我参加香港联合国教科文组织协会的活动，见到了最早对课外辅导进行跨国研究的专家马克·贝雷（Mark Bray）教授。1999 年，联合国教科文组织国际教育规划研究所出版了有关课外辅导研究的第一本著作，作者就是马克·贝雷。

这次见面，他送给我一本近年出版的书——《直面影子教育系统——课外辅导与政府政策抉择》。我觉得，他的见解还是比较公允的，为我们提供了一个新的认识视角。

他认为，用"影子"来比喻课外辅导教育从几方面来看都是贴切的。第一，课外的补充性辅导是因主流教育系统的存在而存在的；第二，课外辅导的规模和模式随主流教育系统的规模和模式的变化而变化；第三，在几乎所有的社会，对主流的关注都远远超过对"影子"的关注；第四，"影子"系统的特征远不如主流系统的特征那般清晰。

他认为，课外辅导存在正反两方面的作用。一方面，它可以帮助学生学习，增加他们的人力资本，进而为经济发展做贡献；它具有宝贵的社会功能，为青少年提供与他人交往的机会；它还为辅导教师创造了收入；等等。另一方面，它也可能带来严重的负面影响。如维持或加剧社会与经济的不平等；以心理或教育上的不良方式，控制孩子的生活，占用他们的闲暇时间；在某些情境中，还可能被视为损害社会信任的腐败。

这给我们的启示是：我们在审视课外辅导时首先要想到，它是学校这一主流教育的"影子"。主流教育存在，课外辅导就会存在；主流教育的价值取向决定课外辅导的价值取向；主流教育追求的目标决定课外辅导追求的目标。因此，应当把课外辅导看成教育体系的一个补充部分，它会随主流教育的改变而改变；如果主流教育不改，单纯要求课外辅导具有理念的超前性，会有一定的难度。

对于政府应持有的态度，马克·贝雷认为，在大多数国家，积极与消极特征的并存创造出一幅复杂的图景，很少有社会拥有完善的机制应对这些问题。许多决策者和规划者都选择避开这一艰难的问题，把它留给市场去支配。这种自由放任的做法颇成问题。

我国的课外补充性辅导的现象不仅是存在的，而且影响重大。因此，关注它的发展已刻不容缓。

应当鼓励课外辅导教育健康发展，使之成为社会主义教育体系的有机补充部分。

应当引导课外辅导教育的发展方向，使之顺应"减负"要求，为服务对象制定合理的时间安排表和辅导方案，并通过改进教育方法，提高效益效能。

应当倡导课外辅导业建设良好的文化环境，激发学生学习的积极性和主动性，形成快乐、活泼、轻松的学习氛围；要线上线下相结合，提高个性化服务水平。

应当要求课外辅导业依法办学，遵守教育行政部门的相关规定，包括公办学校如何介入课外辅导教育的规定。公平竞争，以质量求生存，以创新求发展，积极参与公益活动，提高这一行业的社会声誉。

课外辅导如影随形，我们的态度不应是千方百计去掉"影子"，而应是着力推进主流教育改革，从而影响与规范课外辅导业的发展，开发其巨大潜力，使之与主流教育相辅相成。

（原载《中小学管理》2014 年第 7 期）

# 多一点乡愁

前几个月，我因住院手术，需要请一名护工，才知道原来还有这类职业存在。他们每天 24 小时照料病人，吃住都在病房，一年到头没有休息日；工资不高，吃饭自己解决，收入的 30% 还要上交给职介公司。

照顾我的护工来自甘肃农村，姐妹三人及其他亲属共六人都在北京做护工。她初中没有毕业，丈夫连小学也没读完。家里的土地都承包出去了。他们结伴进城，就是为了给孩子挣点儿学费。除了护理我的时候，我很少看见她脸上的笑容。而且，只有在雾霾天，她的脸上才流露出淡淡的乡愁。一天，她急匆匆地对我说，她姐姐昨天突发肺炎，住进了急救病房。她告诉我，她姐姐在北京的医院还没有护工这个岗位时，就已经来到北京的医院做护理工作了，至今已近 20 年，这次积劳成疾患了重症，每天需要一万多元医疗费，他们几个人正在发愁怎样筹措。又过了几天，她流着泪向我请假，她姐姐没能抢救过来，前一天晚上去世了。她说，她姐姐、姐夫为了多挣点钱给孩子，已经几年没有回家过春节了。如今孩子总算供出来了，老大是男孩，已经在老家当了教师，老二是女孩，高中毕业出来打工。她姐姐临走前只说了一句话——"想回老家"！现在，她姐姐终于可以回老家了，了却她的最后一段乡愁了。

这位老护工深深地叹了一口气说，她不能送姐姐回老家了，因为她的孩子今年考上了天津的一所高校，如果她不每天打工，就很难供他上学。

我躺在病榻上想，我们研究过许多教育前沿的理论问题，进行过许多教育前沿的实践探索，但我们很少想到那些生活在广大农村的普通劳动者，很少关注他们在想什么，他们为了下一代做出了多少牺牲。他们中有的人希望孩子成为政治家、科学家、艺术家，但那是很少一部分家长的奢求；更多的家长只是希望下一代能够生活得比他们好一点，能够脱贫致富，而学历、文化是改变孩子命运的门槛和阶梯，为此，他们愿意付出自己的一切。

当然，如果一些现实的追求难以实现，就可能出现孩子（包括家长）放弃读书的现象。我在四川调研时曾经问有关同志：现在已经实现一个学生一个学号，学生流动是否能得到完全控制？不少地区教育行政部门的同志和校长们都说，学生自己辍学外出打工，常常不辞而别，不知去向，而流动的高峰期是在每年春节过后。春节时，外出打工的父母、亲友、同龄人都回家过年，他们带回了钱物，也带回了读书无用论的诱惑。于是，每年过完春节，一批高中、初三、初二，甚至更小的学生，就放弃读书，随着亲友外出打工了。

写到这里，我又想起另外一件事。甘肃的一位领导曾对我说，许多人都喜欢吃兰州拉面，全国的兰州拉面馆有四万多家，但其中有一半不是甘肃人而是青海人开的。我曾带队在青海进行义务教育"两基"达标验收，发现有一所地级市的职业高中虽然有许多专业，但最火的是制作兰州拉面的专业。上万人接受培训后到各地开兰州拉面馆，这成了他们脱贫致富的本领，也成了青海人争夺甘肃特产阵地的秘诀。

2016 年岁尾，习近平总书记在一次重要会议上强调："全面建成小康社会，在保持经济增长的同时，更重要的是落实以人民为中心的发展思想，想群众之所想、急群众之所急、解群众之所困，在学有所教、劳有所得、病有所医、老有所养、住有所居上持续取得新进展。"我想，广大农村地区的老百姓进入小康是现实的需要，我们在加强农村地区、边远地区教育方面虽然做了不少工作，但实事求是地讲，我们的教育研究和教育政策的制定，我们能够听到的媒体对教育的呼声，还是站在中产阶层的角度上多一些。要落实习总书记的要求，以人民为中心，更多地想群众之所想、急群众之所急、解群众之所困，我们需要站在更为广阔的大地上。

教育研究当然要立足于时代前沿，但我想，当我们在各种讲坛上高谈阔论的时候，是不是应当多一点乡愁？

（原载《中小学管理》2017 年第 3 期）